职业教育电子商务专业系列教材

ZHIYE JIAOYU DIANZI SHANGWU ZHUANYE XILIE JIAOCAI

电子商务网站建设与维护

主　编 / 叶　敏

副主编 / 欧阳俊　邱雪红　谭静雯

何　流　吴赛花

参　编 /（排名不分先后）

梁丹妮　桂长江　纪肖维

重庆大学出版社

内容提要

本书介绍了电子商务网站建设的基础知识、电子商务网站的基本建站技术及电子商务网站后期维护等内容。全书采用项目化、任务驱动模式编写，从企业实际案例出发，通过真实的操作展示来归纳总结电子商务网站建设与维护的相关技术与步骤。所选案例由浅入深、循序渐进，从静态网站到动态网站，从简单网站到综合性网站，突出了“以建站流程为主线，以技能应用为核心”的特点。书中的每一个项目都精心设计了项目实训模块，从而有利于教师指导学生实训的开展，并通过对每个项目的重点和难点训练，帮助读者掌握电子商务网站开发的基本过程和方法。

本书可作为应用型中高职院校电子商务、计算机等相关专业学生的教材或教学参考书，还可供电子商务网站设计和开发人员参考使用。

图书在版编目(CIP)数据

电子商务网站建设与维护/叶敏主编.—重庆：
重庆大学出版社，2018.5(2022.8 重印)
职业教育电子商务专业系列教材
ISBN 978-7-5689-0966-2

Ⅰ.①电… Ⅱ.①叶… Ⅲ.①电子商务—网站建设—职业教育—教材 Ⅳ.①F713.361.2

中国版本图书馆 CIP 数据核字(2017)第 325200 号

职业教育电子商务专业系列教材
电子商务网站建设与维护
主 编 叶 敏
副主编 欧阳俊 邱雪红 谭静雯 何 流 吴赛花
策划编辑：王海琼
责任编辑：文 鹏 姜 凤 版式设计：王海琼
责任校对：张红梅 责任印制：赵 晟
*
重庆大学出版社出版发行
出版人：饶帮华
社址：重庆市沙坪坝区大学城西路 21 号
邮编：401331
电话：(023)88617190 88617185(中小学)
传真：(023)88617186 88617166
网址：http://www.cqup.com.cn
邮箱：fxk@cqup.com.cn(营销中心)
全国新华书店经销
POD：重庆新生代彩印技术有限公司
*
开本：787mm×1092mm 1/16 印张：8.25 字数：196 千
2018 年 5 月第 1 版 2022 年 8 月第 4 次印刷
印数：5 001—6 500
ISBN 978-7-5689-0966-2 定价：28.00 元

编委会

www. .com

编写人员名单

主　编　叶　敏　广东交通职业技术学院华侨校区

副主编　欧阳俊　佛山市顺德区陈村职业技术学校

邱雪红　河源理工学校

谭静雯　广州市海珠商务职业学校

何　流　成都市礼仪职业中学校

吴赛花　茂名市第一职业技术学校

参　编　（排名不分先后）

梁丹妮　广西玉林农业学校

桂长江　重庆市开州区职业教育中心

纪肖维　贵州省普安县中等职业学校

前 言

作为互联网中最重要也最具活力的应用,电子商务已渗透到各行各业。越来越多的传统企业选择了电子商务,企业因为电子商务的介入而改变了组织结构和运作方式,提升了集约化管理程度,因此实现了高效经营。电子商务网站,尤其是营销型网站,作为企业的窗口,不仅能够实现产品的展示和企业形象的宣传,而且通过网站在线交易,还能够降低企业经营成本,拓宽发展空间,提高企业内部的生产、管理和服务水平。“网站建设与维护”是电子商务专业的核心技术课程,通过本课程的学习,学生将掌握规划网站、建设网站与管理维护网站等相关知识和技能,从而为将来在各类企、事业单位从事电子商务网站构建与维护等工作奠定坚实的基础。

本书采用项目化、任务驱动模式编写,每个项目都由若干实际案例支撑。全书遵循“以就业为导向,以职业能力为本位,以职业实践为主线”的教改方向和“理论够用、注重应用、任务驱动”的原则,注重对学生进行实际项目开发能力的引导和岗位职业能力的培养。围绕网站开发,书中采用了大量典型案例,循序渐进地介绍了电子商务网站开发过程中的方法和技巧。

本书内容如下:

项目 1 体验电子商务网站,主要体验不同类型的电子商务网站、电子商务网上购物及电子商务网站布局风格。

项目 2 快速建站,介绍注册域名、选择企业建立网站方式、创建电子商务网站。

项目3在线购物商城首页介绍用表格布局网页、将图片切片转换成网页。

项目4在线购物商城用户管理功能阐述创建用户数据库、会员登录功能、会员注册功能、找回密码功能。

项目5在线购物商城商品管理功能主要是操作商品图片上传至临时文件夹、商品图片上传至指定文件夹、存储图片至数据库、商品图片存放至数据库并在网页上显示、在线商城商品管理后台添加功能实现、在线商城商品管理后台删除功能实现、在线商城商品管理后台添加功能实现。

项目6在线购物商城产品的订购功能包括订单的统计、清空订单、收货人信息录入界面、显示订单信息、生成订单、订单查询等。

本书的配套资源可以在重庆大学出版社的资源网站(www.cqup.com.cn,用户名和密码:cqup)上下载。

本书由叶敏担任主编,欧阳俊、邱雪红、谭静雯、何流、吴赛花担任副主编。其中项目1由欧阳俊编写,项目2由邱雪红编写,项目3由何流、谭静雯编写,项目4由叶敏编写,项目5由何流、桂长江编写,项目6由梁丹妮、吴赛花编写。

在编写过程中,参阅、借鉴并引用了大量相关资料和网站信息,在此深表感谢。限于编者水平,书中疏漏和不足之处在所难免,恳请读者不吝指教。

编　者

2018年9月

目 录

项目1 电子商务网站建设策划

项目背景

要建立一个好的电子商务网站，首先要了解电子商务网站的分类、客户体验、网站的布局及组成。通过浏览知名的商城网站，分析成功的网站案例，策划电子商务网站的功能与布局。

学习目标

1. 了解不同类型的电子商务网站，掌握电子商务网站的基础知识。
2. 通过网上购物，体验电子商务网站的功能。
3. 分析各大电子商务网站构成元素及网站布局风格，规划网站布局。

项目分解

任务1 了解不同类型的电子商务网站
任务2 体验电子商务网站购物功能
任务3 设计电子商务网站布局风格

任务1 了解不同类型的电子商务网站

任务要求

➢ 通过门户网站，了解常见的电子商务网站。

➢ 浏览不同类型的电子商务网站。

知识点与技能

➢ 能够搜索和进入电子商务网站。

➢ 能够区分不同类型的电子商务网站。

任务准备

➢ 小组协作，按 4 人一组组成学习小组，根据学习情况、性格选出小组长，由小组长带领小组协作完成。

➢ 讲解演示，教师讲解完成本任务需要掌握的知识技能，进一步说明完成学习的基本要求和任务的具体实施。

知识链接

1. 按电子商务活动的性质分类

(1)电子事务

①政府的电子事务——电子政务。

运用计算机、网络和通信等现代信息技术手段，实现政府组织结构和工作流程的优化重组，超越时间、空间和部门分隔的限制，建成一个精简、高效、廉洁、公平的政府运作模式，以便全方位地向社会提供优质、规范、透明、符合国际水准的管理与服务。

②教育的电子事务——电子教务。

电子教务是基于计算机网络的学校教学管理事务。

③军队的电子事务——电子军务。

将 Internet、局域网、城域网、卫星定位系统、光纤通信、卫星通信和 IT 技术与军事战略作战和后勤供给、武器研制购买等信息的接收、加工、传递、储存、检索结合起来便形成了电子军务系统。

(2)电子贸易

电子贸易包括网上销售、网上购物和网上交费等。

2. 按电子商务参加的主体分类

①B2C(企业与消费者之间)。

②B2B(企业与企业之间)。

③B2G(企业与政府之间)。

④G2C(政府与消费者之间)。

⑤C2C(消费者与消费者之间)。

电子商务的几种新模式：B2M(Business to Manager)、M2C(Manufacturers to Consumer)、BMC(Business-Medium-Consumer)、O2O(Online to Offline)、S2C(S 即 Shop)、B2C2C(Business

To Channel To Consumer,即企业—渠道—消费者)、B2E(厂商与电子商务)、SNS-EC(社交电子商务)、ABC(Agents + Business + Consumer)、P2P(Peer to Peer)。

3. 按交易过程分类

①交易前电子商务:交易的准备工作。

②交易中电子商务:签约合同到履行之前。

③交易后电子商务:履行合同。

4. 按电子商务交易的对象分类

①有形商品电子商务。

②无形商品电子商务。

5. 按商业活动的运作方式分类

(1)完全电子商务

完全电子商务是指一个虚拟运作的企业通过电子商务方式实现和完成完整交易的交易行为和过程。

(2)非完全电子商务

非完全电子商务是指不能完全依靠电子商务方式实现和完成完整交易的交易行为和过程。

6. 按开展电子交易的信息网络范围分类

(1)本地电子商务

本地电子商务通常是指利用本城市内或本地区内的信息网络实现的电子商务活动,电子交易的地域范围较小。

(2)远程国内电子商务

远程国内电子商务是指在本国范围内进行的网上电子交易活动,其交易的地域范围较大,对软硬件和技术要求较高,要求在全国范围内实现商业电子化、自动化,实现金融电子化,交易各方具备一定的电子商务知识、经济能力和技术能力,并具有一定的管理水平和能力等。

(3)全球电子商务

全球电子商务是指在全世界范围内进行的电子交易活动,参加电子交易各方通过网络进行贸易。

7. 按使用网络的类型分类

①基于专门增值网络的电子商务。

②基于 Internet 网络的电子商务。

③基于 Intranet(企业内部网)网络的电子商务。

任务实施

活动1 体验电子商务网站

打开门户类网站,如图1.1.1所示,查看有哪些电子商务网站。不同类型的电子商务网站和商城分类分别如图1.1.2和图1.1.3所示。

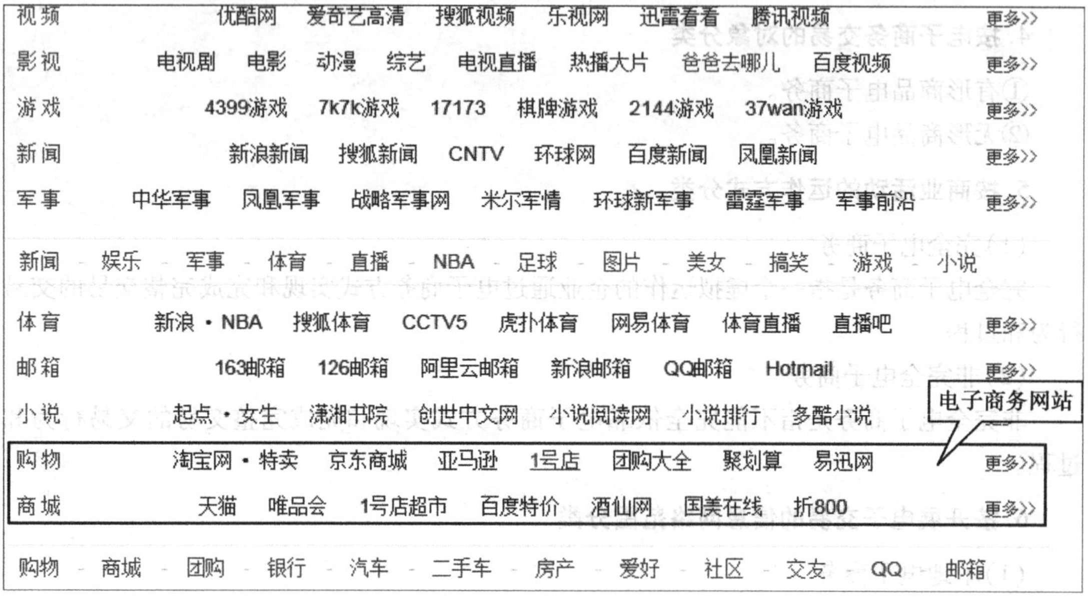
视频 优酷网 爱奇艺高清 搜狐视频 乐视网 迅雷看看 腾讯视频 更多>>
影视 电视剧 电影 动漫 综艺 电视直播 热播大片 爸爸去哪儿 百度视频 更多>>
游戏 4399游戏 7k7k游戏 17173 棋牌游戏 2144游戏 37wan游戏 更多>>
新闻 新浪新闻 搜狐新闻 CNTV 环球网 百度新闻 凤凰新闻 更多>>
军事 中华军事 凤凰军事 战略军事网 米尔军情 环球新军事 雷霆军事 军事前沿 更多>>
新闻 娱乐 军事 体育 直播 NBA 足球 图片 美女 搞笑 游戏 小说
体育 新浪·NBA 搜狐体育 CCTV5 虎扑体育 网易体育 体育直播 直播吧 更多>>
邮箱 163邮箱 126邮箱 阿里云邮箱 新浪邮箱 QQ邮箱 Hotmail 更多>>
小说 起点·女生 潇湘书院 创世中文网 小说阅读网 小说排行 多酷小说
电子商务网站
购物 淘宝网·特卖 京东商城 亚马逊 1号店 团购大全 聚划算 易迅网 更多>>
商城 天猫 唯品会 1号店超市 百度特价 酒仙网 国美在线 折800 更多>>
购物 商城 团购 银行 汽车 二手车 房产 爱好 社区 交友 QQ 邮箱

图1.1.1 门户类网站首页

hao123购物
购物搜索
购物首页 商城大全 品牌特卖 今挑细选 优惠促销 买什么
天猫 TMALL.COM 上天猫,就购了
JD.COM 京东 全网底价,正品行货
淘宝网 Taobao.com 亲,欢迎来淘宝
亚马逊 amazon.cn 正品行货,天天低价
当当网 dangdang.com 600城市,货到付款
聚美优品 JUMEI.COM 精选推荐超值正品
Paipai 拍拍 腾讯旗下购物网站
1号店 只为更好的生活
购物综合: 淘宝网 淘宝商城 京东商城 当当网 亚马逊 拍拍网 阿里巴巴 1号店
潮流服饰: 凡客诚品 梦芭莎 走秀网 聚尚网 俏物悄语 银泰网 玛萨玛索 上品折扣网
唯品会 雅库男装
数码家电: 苏宁易购 易迅网 国美在线 新蛋网 库巴网
鞋靴箱包: 好乐买 乐淘 优购网 拍鞋网 名鞋库
美容珠宝: 乐蜂网 天天网 草莓网 聚美优品
日用百货: 红孩子 我买网 快乐购 顺丰优选
导购折扣: 返利网 美丽说 蘑菇街 55BBS 买什么 品牌特卖 百度特价 美团网

图1.1.2 不同类型的电子商务网站

精品女装 茵曼满500减120 | 羊绒盛典1~3折 | 伊芙丽5折封顶让惠

1	唯品会	专门做特卖的网站	促销(4)
2	韩都衣舍	款式多，高性价比的韩国时装网站	
3	上品折扣	上品折扣，1000品牌限时抢购!	
4	麦考林	新品女装限时低价，满额包邮赠品多	
5	梦芭莎	时尚女装、内衣品牌官网	
6	天品网	天天品牌特价，领先品牌特卖网站	促销(38)
7	裂帛服饰官方网站	中国知名的设计师品牌	
8	赛特春天	赛特奥莱官方网上商城	
9	爱慕官方商城	爱慕专业内衣 品质网购	
10	聚尚网	聚尚网是名品折扣限时特卖网站	促销(16)

潮流男装 七匹狼低至3折 | 森马满88包邮 | 花花公子全场2折起

1	凡客诚品	互联网快时尚品牌网站	
2	YOHO! 有货	年轻人潮流时装购物中心	
3	玛萨玛索	你的私人形象力提升顾问	
4	蒙蒂埃莫	高端时尚商务男装品牌	
5	李宁官网	李宁运动鞋运动服网上专卖店	
6	Justyle	提供简约、风格独特的个性着装	
7	太平鸟官方商城	中国十大服装品牌，全国多家门店	
8	邦购网	美特斯邦威官方在线商城	
9	马克华菲	马克华菲在线官方商城	
10	斯波帝卡男装	主张度假时尚和自然慢活的理念	

数码家电 九阳小家电专场 | 美的生活电器专场 | 东芝电器专场

1	京东商城	专业的综合性网上购物商城	促销(12)
2	亚马逊	全球用户数量最大的零售网站	
3	易迅网	主销IT及消费电子类产品	
4	国美在线	倾情大促，尽情享受	
5	海尔商城	海尔集团唯一官方网上销售平台	
6	新蛋商城	全球IT数码购物网站	
7	库巴网	国美旗下网上购物商城	
8	东方CJ	中国第一家真正的家庭购物公司	
9	百联E城	中国零售业巨头百联集团旗下的综合网	
10	新七天电器网	中国专业家电垂直B2C网购商城	

鞋帽箱包 花花公子2.3折 | 卡芙琳女鞋1折 | 骆驼动感男鞋1折

1	名鞋库	中国领先的名牌鞋服销售网站	
2	米索熊童鞋旗舰店	知名童鞋旗舰店	
3	1号商城	品质百货，网上优选	促销(87)
4	优购网	时尚鞋类服装网购平台	
5	麦包包	中国时尚箱包在线直销网站	
6	拍鞋网	汇聚200多个品牌，款式达50000种	促销(17)
7	骆驼官方商城	骆驼品牌下唯一官方网络销售平台	
8	淘鞋网	淘鞋网，淘喜欢的正品鞋	
9	包包树官方商城	坚持原创成就小资生活理念的箱包品牌	
10	佑一良品	以东方美学为原创理念的箱包品牌网站	

个护化妆 倩碧1折起 | 比度克双旦大促 | 美容护理5折起

1	聚美优品	女性限时特卖商城	
2	乐蜂网	化妆品正货精品购物网站	促销(33)
3	天天网	专业化妆品网上商城，正品保证	
4	No5时尚广场	国内首家正品美妆网上商城	促销(11)
5	NALA化妆品商城	专业化妆品垂直销售网站	
6	皙肤泉	天然纯净的植物健康调护品牌	
7	香舍臻品	进口化妆品限时折扣特卖商城	
8	知我药妆	国内首家药妆售卖平台	
9	校妆网	正品化妆品首选购物商城	
10	牛尔官网	来自台湾牛尔的品牌	

食品母婴 母婴爆款5折起 | 进口年货特卖1.1折 | 名酒1折开抢

1	1号店	国内首家网上超市	
2	中粮我买网	中粮集团旗下，食品网购专场	
3	和茶网	和茶网是大众购茶首选平台	
4	麦乐购	服务中国用户的海外正品母婴商城	
5	顺丰优选	顺丰速运旗下全球美食优选网购商城	
6	酒仙网	专业综合性酒类网上购物商城	
7	安购母婴商城	全球进口优品母婴用品代购商城	
8	醇品商城	专业，正宗品牌茶叶，茶具购物商城	
9	母婴之家	专业母婴用品购物平台	
10	网酒网	中国第一高端进口葡萄酒电商平台	

图 1.1.3 商城分类

活动2 浏览不同类型的电子商务网站

1. 浏览 B2B 电子商务网站

阿里巴巴是由马云在1999年一手创立的企业对企业的网上贸易市场平台(图1.1.4)。阿里巴巴树立了B2B网站的标准规范且最先启用免费模式,让会员大量进来之后收取费用。阿里巴巴作为第三方平台,为企业提供在线交易,为买卖双方的企业节约部分成本,也能让企业在价格合适时及时成交。企业通过在线商谈、在线签单、在线支付等方式进行交易,实现在线采购和在线供货。

阿里巴巴
1688.com
采购批发,上1688.com
产品 公司 求购 资讯
首饰袋
女包 2元店 LED 连接器 二极管 冶金 搜索排行榜
让卖家找上门
发布询价单
首页 产业带 伙拼 免费拿样 代理加盟 采购必应 名企采购 企业集采 淘工厂 以商会友 商友圈 生意经 视频
原材料 工业品 电子 包装 纺织 服装内衣 运动户外 鞋包配饰 日用百货 数码家电 家纺家装 食品 美妆 童装母婴 工业品牌商城
市场动态 在线买家数:196400
样品中心
0风险 放心购
1分钱拿样
免费注册 登录 供应商专区
买家入门 卖家入门 阿里规则
[快速入门]如何在1688采购产品?
[快速入门]出现纠纷如何维护权益
[快速入门]买家如何交易更安全?
安全网上贸易
买家保障 商家认证 安全交易
常用工具
阿里旺旺 手机阿里 企业官网 阿里贷款
行业资讯 更多
[公告]1212谢幕 淘宝网感恩
[行情]钢厂支撑减弱 钢价顺势下跌
阿里精选专场
伙拼包物流 无节操清仓价
春秋面辅料 全场最底价
运动户外 2014服了U
亏本清仓 百货备货节
一分钱拿样 童装春季上新
马云扎堆
史玉柱&任志强

图1.1.4 阿里巴巴网站首页

B2B网站分类方法对于网站的整体优化状况至关重要,因为分类目录不合理将造成用户难以获取网站信息。B2B网站一般具有供应信息、求购信息、产品库、企业库等主要栏目。另外,B2B网站上的商品价格需要满足客户更多个性化的需求,我们所看到的B2B产品价格页面除了有特定的套餐外,通常还有一个"可定制"套餐。

2. 浏览 B2C 电子商务网站

①淘宝商城。

天猫原名淘宝商城(图1.1.5),是淘宝网打造的在线B2C购物平台。自2008年4月10日建立淘宝商城以来,开设众多品牌官方旗舰店,包括Kappa、Levi's、Esprit、JACK & JONES、乐扣、苏泊尔、联想、惠普、迪士尼、优衣库等,深受消费者的喜爱。天猫对旗舰店的开设者进行的资质认证,保证了进驻网站的企业店铺更加优质、可靠。

B2C网站需要具备以下基础功能:企业能够通过网站上传商品图片,修改价格、库存等;商品上传后能向用户展示商品信息;用户能使用会员系统管理自己的订单,添加商品到购物车,收藏商品;单击购买后能够进入支付接口让会员选择支付方式;支付完成后,客服人员能够及时看到订单信息。

赶年曾过新年
千万红包疯抢
立即参与
天猫TMALL.COM
搜索
所有商品分类
首页
品牌街
品牌特卖
天猫原创
喵鲜生
天猫超市
电器城
医药馆
新首发
积分聚乐部
国际品牌
服装/内衣/配件
鞋/箱包
珠宝饰品/手表眼镜
化妆品/个人护理
运动户外
手机数码
家用电器
家具建材
家纺/居家
母婴玩具
食品
医药保健
全新整车/汽车配件
服饰年货
精选巨献！
买给家人，这次最靠谱
立刻疯抢
爆款预售
中老年装
年终狂欢

图1.1.5 天猫商城首页

②京东商城。

京东商城是中国B2C市场最大的3C网购专业平台(图1.1.6),京东商城凭借快捷的配送服务,深受消费者的喜爱。

喜摇摇
摇百万大奖 赢现场门票
JD.COM 京东
搜索
我的京东
去购物车结算
全部商品分类
首页
服装城
京东超市
团购
夺宝岛
我喜欢
图书、音像、数字商品
家用电器
手机、数码
电脑、办公
家居、家具、家装、厨具
服饰内衣
个护化妆
鞋靴、箱包、钟表、珠宝
运动健康
汽车用品
母婴、玩具乐器
食品饮料、保健食品
彩票、旅行、充值、票务
全场1-3折
把爱带回家
马上送温暖
暖暖相送 关爱温暖最亲的人
南极人
新年飞回家
京东快报
满69减19
仅此两天
生活的橱窗

图1.1.6 京东商城首页

③亚马逊。

亚马逊公司是一家财富500强公司,总部位于美国华盛顿州的西雅图。亚马逊提供的图书目录比全球任何一家书店的存书要多15倍以上(图1.1.7)。而实现这一切既不需要庞大的建筑,又不需要众多的工作人员,亚马逊书店的1 600名员工人均销售额达37.5万美元,比全球最大的拥有2.7万名员工的Barnes & Noble图书公司要高3倍以上。这一切的实现,电子商务在其中所起的作用十分关键。其工作的中心就是要吸引顾客购买它的商品,同时树立企业良好的形象。

amazon.cn
清仓 全场3折起
摄影摄像
亚马逊热门促销
工具风暴来袭
满200减30
童鞋清仓
低至29元
新年新愿望
学好外语

图 1.1.7　亚马逊首页

3. 体验 C2C 电子商务网站

淘宝商城的店铺属于官方认证的商家，而淘宝网站卖家不必要求在工商登记备案，个人卖家比较多。淘宝网是中国最有影响力的 C2C 平台(图 1.1.8)。淘宝商城俗称淘宝 B 店；淘宝集市店俗称淘宝 C 店。

淘宝网
Taobao.com
搜索
商品服务分类
天猫
聚划算
超市
玩敲门送iPad
每日一台!
来往跨年大回馈
冬天到啦!
神奇的优惠价
精品年货 低价疯抢
便民服务

图 1.1.8　淘宝网首页

淘宝网在中国 C2C 市场占据着绝对的份额。有数据显示，C2C 市场中淘宝占比达到了 96.5%。淘宝的壮大，是由 C 店卖家的支撑为铺垫，超过 800 万的中小卖家构建了淘宝网商家生态的基石。淘宝网没有淘宝商城那样繁杂的认证过程，出售的商品也不像淘宝商城那样专业统一，但是集市店铺商品种类众多，是目前淘宝主要的消费门户。

C2C 商城网站建设更加注重用户体验，用户体验不仅体现在商城网站视觉上，也体现在内容页和分类页面的设计细节上。

任务评价

评价内容	评 价			
	个人评价	小组评价	教师评价	任务得分
学习任务完成情况及进度				
主动与同组其他成员积极沟通并协助其他成员共同完成学习任务				
任务完成是按老师所提供的方法还是其他方法				
是否掌握本任务内容				
能否独立完成任务	□独立完成 □与同学合作完成 □在老师的指导下完成			

任务2 体验电子商务网站购物功能

任务要求

➢ 在不同类型的电子商务网站进行购物体验。

知识点与技能

➢ 网站搜索引擎的使用。
➢ 商品分类方式的体验。
➢ 支付方式体验。
➢ 购物车的体验。

任务准备

➢ 小组协作，按4人一组组成学习小组，根据学习情况、性格选出小组长，由小组长带领小组协作完成。
➢ 讲解演示，教师讲解完成本任务需要掌握的知识、技能，进一步说明完成学习的基本要求和任务的具体实施。

知识链接

1. 搜索引擎的功能

搜索引擎是通过运行一个软件，在网络上通过各种链接自动获得大量的页面信息，并按照一定的规则进行归类整理，从而形成数据库，以备查询。这样的站点（获得信息—整理、建立数据库—提供查询)称为“搜索引擎”。

在电子商务网站,用户通过在搜索引擎中输入商品的相关信息(即商品关键字)就能快速地找到所需商品。

2. 网站商品的分类

商品种类繁多,据不完全统计,在市场上流通的商品有25万种以上。为了方便消费者购买,加快商业部门组织商品流通,提高企业经营管理水平,须对众多的商品进行科学分类。商品分类是指为了一定目的,选择适当的分类标志,将商品集合总体科学地、系统地逐级划分为门类、大类、中类、小类、品类、品种、花色、规格的过程。

(1)商品分类的基本原则

①必须明确要分类的商品所包括的范围。

②商品分类要从有利于商品生产、销售、经营习惯出发,最大限度地方便消费者的需要,并保持商品分类上的科学性。

③选择的分类依据要适当。

④应具有科学的系统性。

(2)商品分类的层次

①大类:体现商品生产和流通领域的行业分工,如五金类、化工类、食品类、水产类等。

②中类(商品品类):体现具有若干共同性质或特征的商品的总称,如食品类商品又可分为蔬菜和水果、肉和肉制品、乳和乳制品、蛋和蛋制品等。

③小类(商品品种):对中类商品的进一步划分,体现具体的商品名称,如酒类商品分为白酒、啤酒、葡萄酒、果酒等。

④商品细目:对商品品种的详细区分,包括商品的规格、花色、等级等,更具体地体现商品的特征。

以淘宝和亚马逊的商品分类为例加以说明,分别如图1.2.1和图1.2.2所示。

淘宝网
Taobao.com
搜索
服装 鞋包 配饰 运动 珠宝 数码 家电 美妆 母婴 家居 食品 百货 汽车 文娱 本地 虚拟
女装男装
•女装市场 > •男装市场 >
女式上装 羽绒服 棉衣 毛呢外套 针织衫 皮草 T恤 卫衣 羊绒衫 真皮皮衣 衬衫 短外套 长袖T恤 雪纺衫/蕾丝衫 小西装
女式裤子 打底裤 牛仔裤 小脚/铅笔裤 休闲裤 哈伦裤 棉麻裤 短裤/热裤 高腰裤 阔腿裤 七/九分裤 连体裤 西装/正装裤
女式裙子 连衣裙 半身裙 长袖连衣裙 中长款连衣裙 短袖连衣裙 雪纺裙 中长款半身裙 牛仔连衣裙 牛仔半身裙
其他女装 大码女装 马夹 中老年女装 职业装/工作服/校服 唐装/民族/舞台服装 婚纱/礼服/旗袍 仿皮皮衣
当季男装 长袖衬衫 长袖T恤 风衣 卫衣 牛仔长裤 休闲长裤 针织开衫 薄毛衣 薄夹克 长袖POLO衫
男式裤子 牛仔裤 休闲裤 西裤 棉裤 羽绒裤 哈伦裤 工装裤 皮裤 沙滩裤
男式上装 羽绒服 棉衣 夹克 衬衫 呢大衣 T恤 毛衣/针织衫 西服 皮夹克 皮草
其他男装 中老年男装 民族服装 大码男装 工装制服
鞋类箱包
•女鞋市场 > •男鞋市场 > •女包市场 > •男包市场 >
春秋女鞋 单鞋 凉鞋 帆布鞋 鱼嘴鞋 高跟单鞋 凉拖 坡跟单鞋 低跟单鞋
精品女包 单肩包 手提包 斜挎包 钱包 真皮包 PU女包 双肩包 手拿包

图1.2.1 淘宝的商品分类

亚马逊
amazon.cn
我的亚马逊 | Z秒杀 | 礼品卡 | 我要开店 | 新手上路 | 帮助
浏览
全部商品分类
全部分类
Kindle
亚马逊 Cloud Drive
亚马逊应用商店
图书
音像、软件
手机、数码
电脑、办公
家用电器
家居、厨具
食品酒水
美妆、个护健康
玩具、母婴
运动户外
服装、鞋靴、箱包
钟表、首饰
汽车用品
全部商品分类
图书
中文图书 教材教辅 | 少儿 | 文学 | 社科 | 经管
进口图书 Imported Books | Children's Books | Literature & Fiction
Kindle电子书 小说 | 经济管理 | 文学 | 杂志 | 少儿 | 人文社科 | 今日特价书
教材教辅 考试 | 外语学习 | 教材 | 教辅 | 词典与工具书
少儿 0~2岁 | 3~6岁 | 7~10岁 | 11~14岁 | 儿童绘本 | 家庭教育
文学艺术 小说 | 文学 | 青春与动漫 | 传记 | 艺术
人文社科 历史 | 国学古籍 | 哲学与宗教 | 法律 | 心理学
经济管理 经济与金融 | 管理 | 投资理财
励志与成功 心灵读物 | 人际交往 | 职场 | 成功学
科技 计算机与网络 | 医学 | 建筑 | 科学与自然
生活 孕产育儿 | 烹饪与美食 | 健康与养生 | 旅游与地图
TOP
2013亚马逊
年度图书排行榜
连续第13年推出权威读书榜
立即购买

图 1.2.2　亚马逊的商品分类

3. 第三方支付平台

支付方式是指购物或消费需要付款形式的多种选择支付捷径。各个商家都有不同的支付方式。

4. 客户服务

网店客户服务是通过网络、电话等方式提供给客户解答和售前后的服务。

任务实施

活动　体验当当网网上购物

①注册账号，用户登录，如图 1.2.3 所示。
②查找商品，查看商品信息，咨询商品信息，如图 1.2.4 所示。
③将所选商品加入购物车，如图 1.2.5 所示。
④购买商品，填写购物地址等信息，支付货款，如图 1.2.6 所示。
⑤查询物流信息，如图 1.2.7 所示。
⑥收货确认，评价商品，如图 1.2.8 所示。

当当网 dangdang.com
网上购物享当当
货到付款
正品保障
上门退款
陪伴孩子1314的好书
儿童文学
买四免一
登录当当网
tiantianok
hdwd
HdwD
换张图
请填写图片中的字符，不区分大小写
七天内自动登录
忘记密码？
登 录
还不是当当用户？
立即注册
使用合作过网站登录当当
支付宝 QQ 新浪微博 网易 人人网 百度
MSN 飞信 江苏移动 豆瓣 360 搜狐

图 1.2.3 当当网注册界面

林格伦作品集 · 美绘版——长袜子皮皮
畅销
长袜子皮皮
商品编号：20716024
当 当 价：¥12.40
定　 价：¥18.00 折扣：6.9折 钻石VIP专享折上9.5折
顾客评分：★★★★★ 已有60421人评论，99.5%推荐
配 送 至：广东深圳市罗湖区 有货
下周一（1月6日）可送达，请在23小时31分钟内下单并选择"普通快递送货上门"
运费说明 >> 本商品提供礼品包装服务
作　 者：
出 版 社：中国少年儿童出版社
出版时间：2013-11-29
版　 次：
页　 数：
字　 数：150000
印刷时间：2009-10-1
开　 本：
纸　 张：
印　 次：
I S B N：9787500794141
包　 装：
推荐此书
点击看大图
分享到：
我要买：1 件
购 买
收 藏
收藏人气：29078

图 1.2.4 商品信息

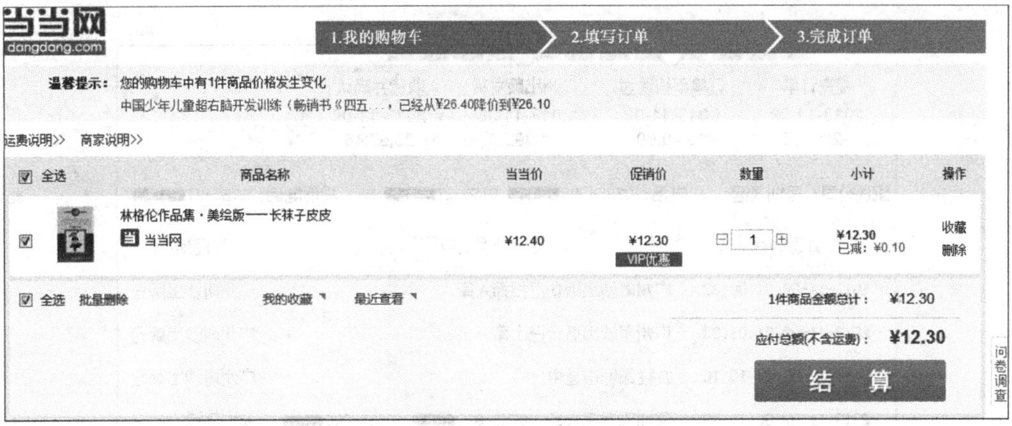
当当网
dangdang.com
1.我的购物车
2.填写订单
3.完成订单
温馨提示：您的购物车中有1件商品价格发生变化
中国少年儿童超右脑开发训练（畅销书《四五……，已经从¥26.40降价到¥26.10
运费说明>>　商家说明>>
全选　商品名称　当当价　促销价　数量　小计　操作
林格伦作品集·美绘版——长袜子皮皮
当当网
¥12.40　¥12.30　VIP优惠　1　¥12.30　已减：¥0.10　收藏　删除
全选　批量删除　我的收藏　最近查看　1件商品金额总计：¥12.30
应付总额(不含运费)：¥12.30
结　算
问卷调查

图1.2.5　购物车

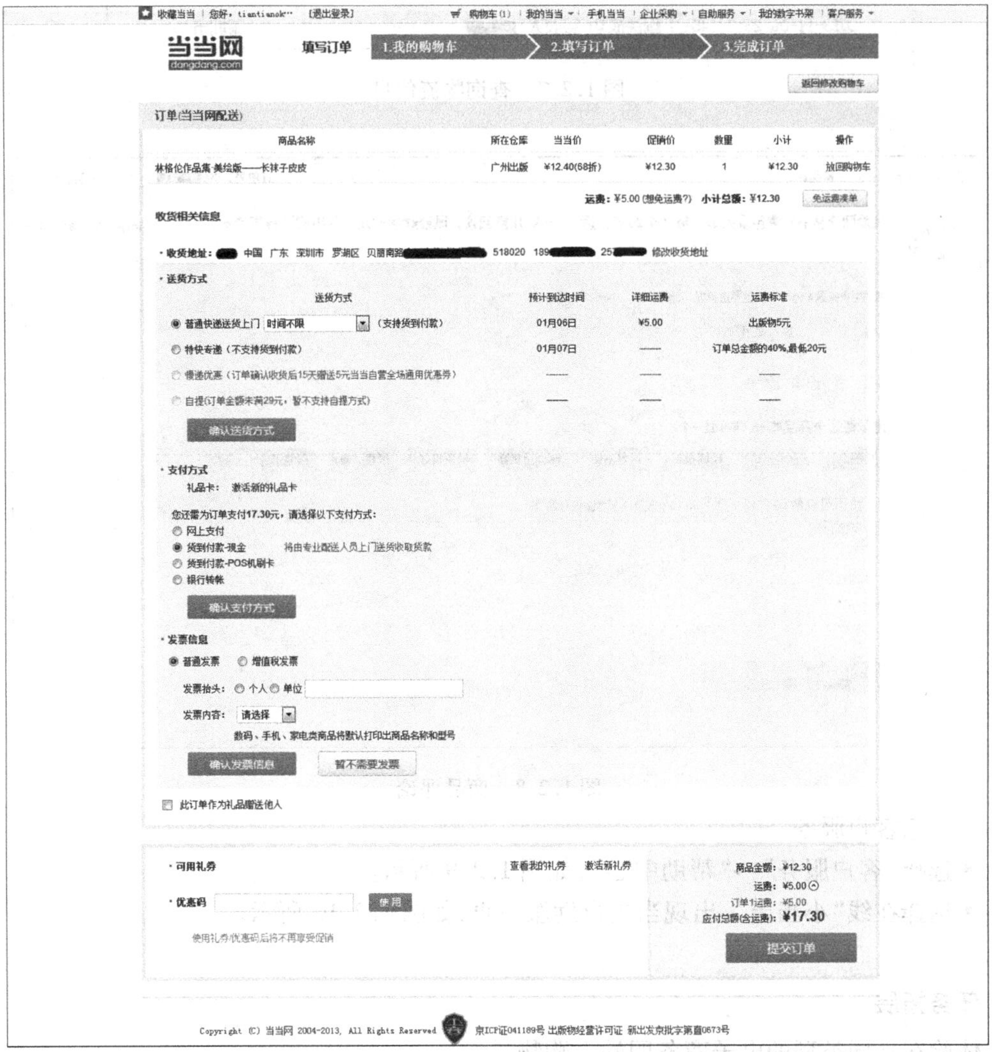
收藏当当　您好，tiantianok**　[退出登录]　购物车(1)　我的当当　手机当当　企业采购　自助服务　我的数字书架　客户服务
当当网
dangdang.com
填写订单
1.我的购物车
2.填写订单
3.完成订单
返回修改购物车
订单(当当网配送)
商品名称　所在仓库　当当价　促销价　数量　小计　操作
林格伦作品集·美绘版——长袜子皮皮　广州出版　¥12.40(68折)　¥12.30　1　¥12.30　放回购物车
运费：¥5.00(想免运费?)　小计总额：¥12.30　免运费清单
收货相关信息
收货地址：[redacted] 中国 广东 深圳市 罗湖区 贝丽南路[redacted] 518020 189[redacted] 25[redacted] 修改收货地址
送货方式
送货方式　预计到达时间　详细运费　运费标准
普通快递送货上门　时间不限　（支持货到付款）　01月06日　¥5.00　出版物5元
特快专递（不支持货到付款）　01月07日　——　订单总金额的40%,最低20元
慢递优惠（订单确认收货后15天赠送5元当当自营全场通用优惠券）
自提(订单金额未满29元，暂不支持自提方式)
确认送货方式
支付方式
礼品卡：激活新的礼品卡
您还需为订单支付17.30元，请选择以下支付方式：
网上支付
货到付款-现金　将由专业配送人员上门送货收取货款
货到付款-POS机刷卡
银行转帐
确认支付方式
发票信息
普通发票　增值税发票
发票抬头：个人　单位
发票内容：请选择
数码、手机、家电类商品将默认打印出商品名称和型号
确认发票信息　暂不需要发票
此订单作为礼品赠送他人
可用礼券　查看我的礼券　激活新礼券
商品金额：¥12.30
运费：¥5.00
订单1运费：¥5.00
应付总额(含运费)：¥17.30
优惠码　使用
使用礼券/优惠码后将不再享受促销
提交订单
Copyright (C) 当当网 2004-2013, All Rights Reserved　京ICP证041189号 出版物经营许可证 新出发京批字第直0673号

图1.2.6　填写购物信息

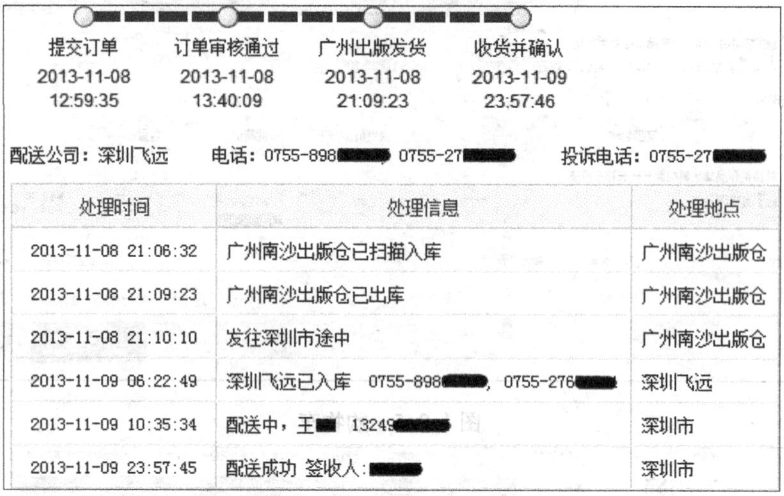
提交订单
2013-11-08
12:59:35
订单审核通过
2013-11-08
13:40:09
广州出版发货
2013-11-08
21:09:23
收货并确认
2013-11-09
23:57:46
配送公司：深圳飞远
电话：0755-898[redacted] 0755-27[redacted]
投诉电话：0755-27[redacted]
处理时间
处理信息
处理地点
2013-11-08 21:06:32
广州南沙出版仓已扫描入库
广州南沙出版仓
2013-11-08 21:09:23
广州南沙出版仓已出库
广州南沙出版仓
2013-11-08 21:10:10
发往深圳市途中
广州南沙出版仓
2013-11-09 06:22:49
深圳飞远已入库 0755-898[redacted], 0755-276[redacted]
深圳飞远
2013-11-09 10:35:34
配送中，王[redacted] 13249[redacted]
深圳市
2013-11-09 23:57:45
配送成功 签收人：[redacted]
深圳市

图 1.2.7 查询物流信息

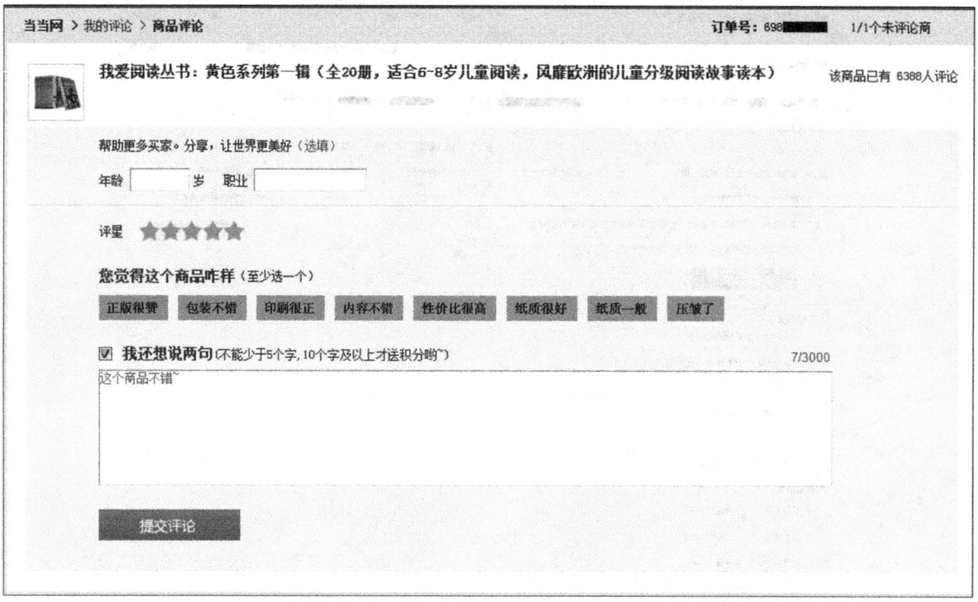
当当网 > 我的评论 > 商品评论
订单号：698[redacted]
1/1个未评论商
我爱阅读丛书：黄色系列第一辑（全20册，适合6-8岁儿童阅读，风靡欧洲的儿童分级阅读故事读本）
该商品已有 6388人评论
帮助更多买家。分享，让世界更美好（选填）
年龄
岁
职业
评星
您觉得这个商品咋样（至少选一个）
正版很赞
包装不错
印刷很正
内容不错
性价比很高
纸质很好
纸质一般
压皱了
我还想说两句(不能少于5个字,10个字及以上才送积分哟~)
7/3000
这个商品不错~
提交评论

图 1.2.8 商品评论

⑦客户服务。

- 选择“客户服务”→“帮助中心”，如图 1.2.9 所示。
- 选择在线“小当当”，出现当当自助服务页，如图 1.2.10 所示。

任务拓展

体验在不同类型的电子商务网站上购物。

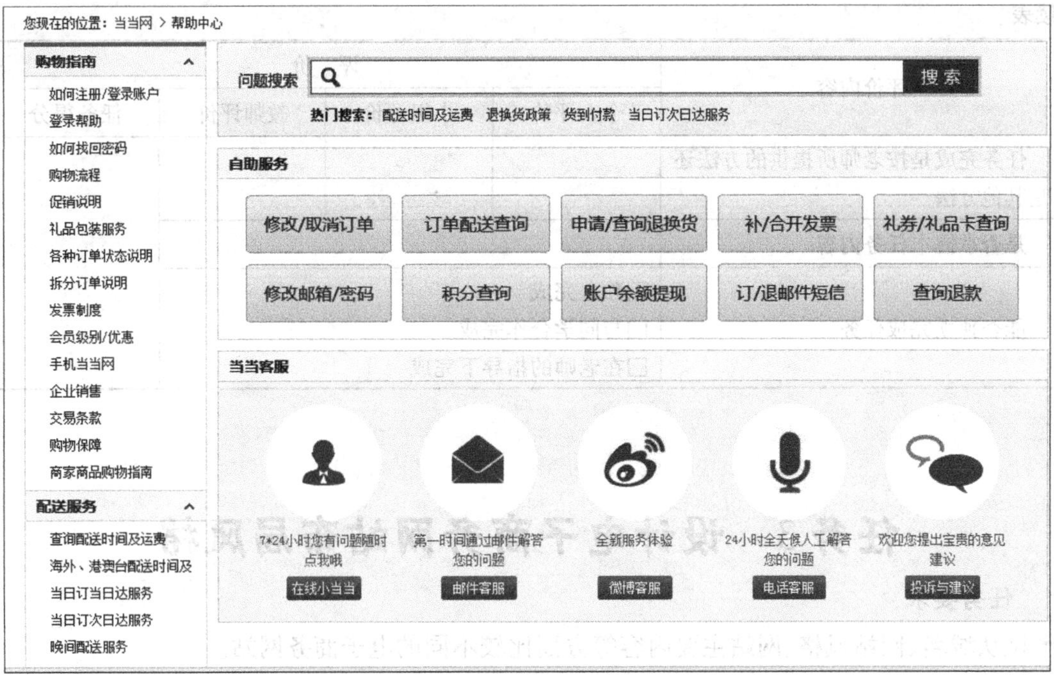
您现在的位置：当当网 > 帮助中心
购物指南
如何注册/登录账户
登录帮助
如何找回密码
购物流程
促销说明
礼品包装服务
各种订单状态说明
拆分订单说明
发票制度
会员级别/优惠
手机当当网
企业销售
交易条款
购物保障
商家商品购物指南
配送服务
查询配送时间及运费
海外、港澳台配送时间及
当日订当日达服务
当日订次日达服务
晚间配送服务
问题搜索
搜索
热门搜索：配送时间及运费　退换货政策　货到付款　当日订次日达服务
自助服务
修改/取消订单
订单配送查询
申请/查询退换货
补/合开发票
礼券/礼品卡查询
修改邮箱/密码
积分查询
账户余额提现
订/退邮件短信
查询退款
当当客服
7*24小时您有问题随时点我哦
第一时间通过邮件解答您的问题
全新服务体验
24小时全天候人工解答您的问题
欢迎您提出宝贵的意见建议
在线小当当
邮件客服
微博客服
电话客服
投诉与建议

图 1.2.9　帮助中心

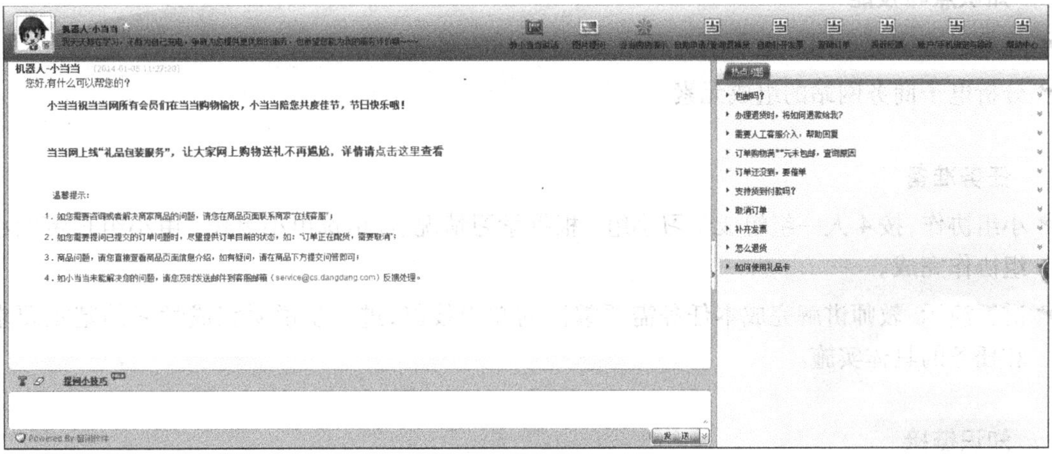
机器人-小当当
您好,有什么可以帮您的?
小当当祝当当网所有会员们在当当购物愉快，小当当陪您共度佳节，节日快乐哦！
当当网上线“礼品包装服务”，让大家网上购物送礼不再尴尬，详情请点击这里查看
温馨提示：

图 1.2.10　当当自助服务

任务评价

<table>
<tr><td rowspan="2">评价内容</td><td colspan="4">评　价</td></tr>
<tr><td>个人评价</td><td>小组评价</td><td>教师评价</td><td>任务得分</td></tr>
<tr><td>学习任务完成情况及进度</td><td></td><td></td><td></td><td rowspan="2"></td></tr>
<tr><td>主动与同组其他成员积极沟通并协助其他成员共同完成学习任务</td><td></td><td></td><td></td></tr>
</table>

续表

评价内容	评　价			
	个人评价	小组评价	教师评价	任务得分
任务完成是按老师所提供的方法还是其他方法				
是否掌握本任务内容				
能否独立完成任务	□独立完成 □与同学合作完成 □在老师的指导下完成			

任务3　设计电子商务网站布局风格

任务要求

- 试从域名、网站风格、网站主要内容等方面比较不同的电子商务网站。

知识点与技能

- 能够通过浏览不同的电子商务网站，体验网站的布局结构。
- 分析电子商务网站的组成元素。

任务准备

- 小组协作，按4人一组组成学习小组，根据学习情况、性格选出小组长，由小组长带领小组协作完成。
- 讲解演示，教师讲解完成本任务需要掌握的知识技能，进一步说明完成学习的基本要求和任务的具体实施。

知识链接

1. 网站页面的布局

通过网页布局基本型（上下、上中下、左右、左中右）可以扩展出更多的布局形式。如图1.3.1所示为布局的4种基本型与12种简单混合布局。

美团网的页面布局如图1.3.2所示。

1号店的页面布局如图1.3.3所示。

2. 电子商务网站的风格构成元素

电子商务网站整体形象设计包括标准字、logo、标准色彩、广告语等。首页设计包括版面、色彩、图像、动态效果、图标等风格设计，也包括banner、菜单、标题、版权等模块设计。

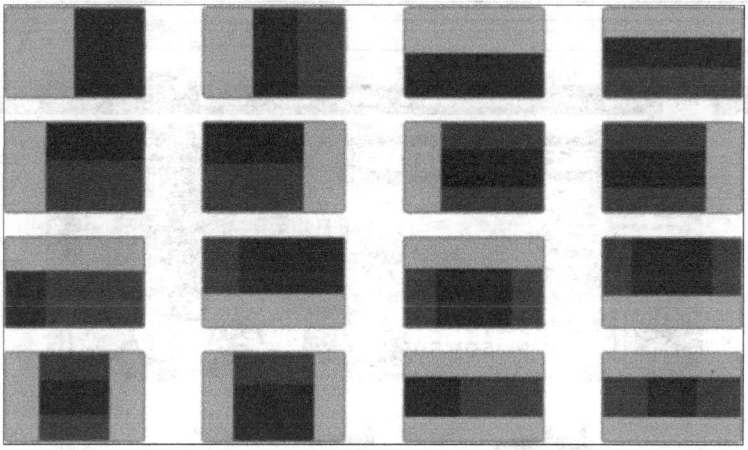

图1.3.1　网页布局

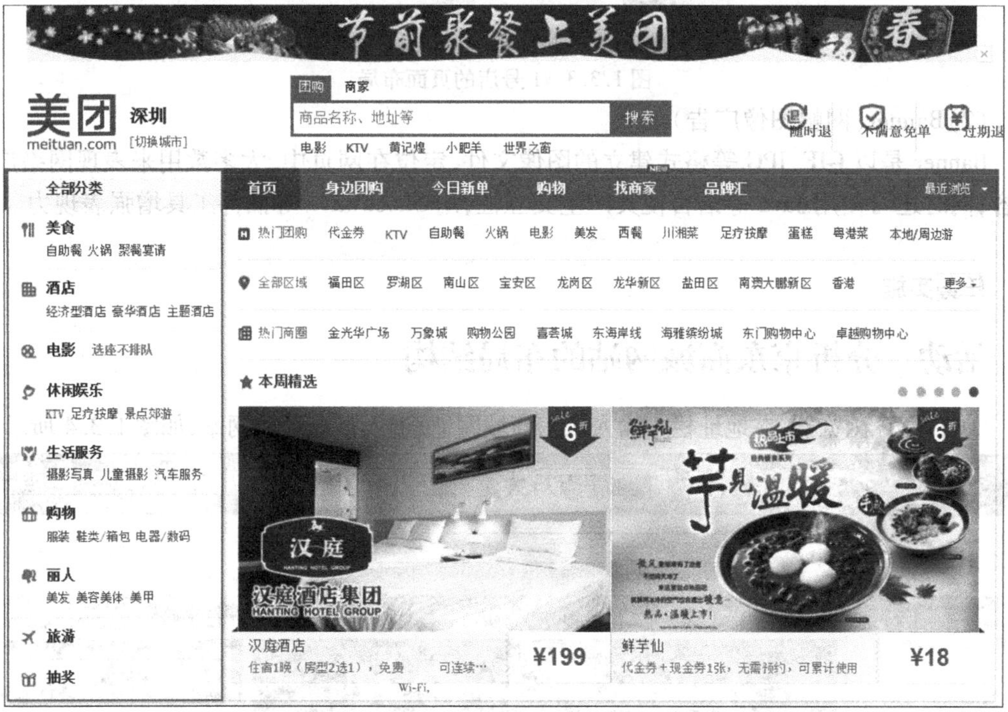
节前聚餐上美团
春
美团
meituan.com
深圳
[切换城市]
团购
商家
商品名称、地址等
搜索
电影　KTV　黄记煌　小肥羊　世界之窗
随时退
不满意免单
过期退
全部分类
首页　身边团购　今日新单　购物　找商家　品牌汇
最近浏览
美食
自助餐 火锅 聚餐宴请
酒店
经济型酒店 豪华酒店 主题酒店
电影　选座不排队
休闲娱乐
KTV 足疗按摩 景点郊游
生活服务
摄影写真 儿童摄影 汽车服务
购物
服装 鞋类/箱包 电器/数码
丽人
美发 美容美体 美甲
旅游
抽奖
热门团购　代金券　KTV　自助餐　火锅　电影　美发　西餐　川湘菜　足疗按摩　蛋糕　粤港菜　本地/周边游
全部区域　福田区　罗湖区　南山区　宝安区　龙岗区　龙华新区　盐田区　南澳大鹏新区　香港　更多
热门商圈　金光华广场　万象城　购物公园　喜荟城　东海岸线　海雅缤纷城　东门购物中心　卓越购物中心
本周精选
6折
汉庭
汉庭酒店集团
HANTING HOTEL GROUP
汉庭酒店
住宿1晚（房型2选1），免费Wi-Fi，可连续…
¥199
鲜芋仙
芋見温暖
鲜芋仙
代金券+现金券1张，无需预约，可累计使用
¥18

图1.3.2　美团网的页面布局

(1)logo

logo是徽标或商标的英文说法，起着对徽标拥有者的识别和推广作用，通过logo可以让消费者记住公司主体和品牌文化。网络中的logo主要是各个网站用来与其他网站链接的图形标志，代表一个网站或网站的一个板块。logo的作用：①媒介宣传，标志设计在更广阔的视觉领域内起到了宣传和树立品牌的作用。②保证信誉，品牌产品以质取信，商标是信誉的保证，给人以诚信之感，通过logo，可以更迅速、准确地识别判断商品的质量高低。③利于竞争，优秀的logo具有个性鲜明、视觉冲击力强烈、便于识别和记忆的特点，有引导消费、促进消费、产生美好联想的作用，利于在众多的商品中脱颖而出。

1号店 yhd.com
搜索
2013年度
手机销售排行榜
所有商品分类
首页
1号商城
1号团
1号闪购
手机家电
服装馆
美食城
药品商城
购物车
食品饮料、酒水、年货
进口食品、进口牛奶
服饰内衣、鞋靴童装
厨卫清洁、纸、清洁剂
母婴用品、玩具
美容护理、洗护节
手机、数码、配件
家居家纺、锅具餐具
大小家电、厨电、汽车
电脑、平板、办公设备
保健滋补、器械、计生
箱包、珠宝饰品、手表
运动鞋服、户外、健身
创意礼品中心、礼品卡
迎新年 美食狂欢盛宴
美食9元疯抢
全场满199减20
满499减100送100
满299减50送50
1号专享
0元试用
积分商城
VIP专区
团购
新品
满499减100再送100
这厢有'礼'
9元秒杀
¥39.9
抢购
充话费
彩票
网游点卡
图 1.3.3　1 号店的页面布局

(2) Banner(网幅图像广告)

Banner 是以 GIF、JPG 等格式建立的图像文件,定位在网页中,大多数用来表现网络广告内容,同时还可使用 Java 等语言使其产生交互性,用 Shockwave 等插件工具增强表现力。

任务实施

活动　分析京东商城网站的布局结构

①打开 IE 浏览器,在地址栏中输入京东商城网址,进入京东商城网站,如图 1.3.4 所示。

喜摇摇
摇百万大奖 赢现场门票
JD.COM 京东
朴水面膜
搜索
我的京东
去购物车结算
全部商品分类
首页
服装城
京东超市
团购
夺宝岛
闪购
支付有礼
图书、音像、数字商品
家用电器
手机、数码
电脑、办公
家居、家具、家装、厨具
服饰内衣
个护化妆
鞋靴、箱包、钟表、珠宝
运动健康
汽车用品
母婴、玩具乐器
食品饮料、保健食品
彩票、旅行、充值、票务
万马奔腾抢电视
39英寸4k智能电视跌破3000元
2014馬上过年
大牌金饰 直降让利
京东快报
更多快报
话费
旅行
彩票
游戏
全场满就赠
红包等你拿
低至4折
图 1.3.4　京东商城网站首页

②分析域名,京东商城的域名为京东的拼音缩写,便于用户记忆。

③观察网站布局。

④京东商城的logo和banner分别如图1.3.5和图1.3.6所示。

JD.COM
京东

图1.3.5 京东商城的logo图片

喜摇摇
摇百万大奖 赢现场门票

图1.3.6 京东商城的banner图片

⑤站内搜索引擎,如图1.3.7所示。

搜索
我的京东
去购物车结算

图1.3.7 搜索引擎

⑥商品分类及导航条,分别如图1.3.8和图1.3.9所示。

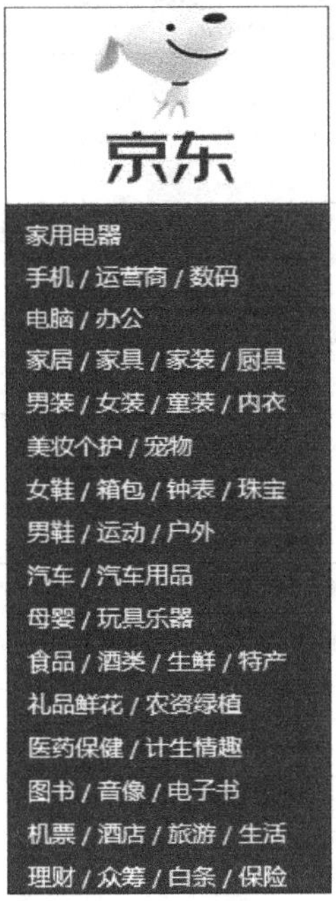
京东
家用电器
手机/运营商/数码
电脑/办公
家居/家具/家装/厨具
男装/女装/童装/内衣
美妆个护/宠物
女鞋/箱包/钟表/珠宝
男鞋/运动/户外
汽车/汽车用品
母婴/玩具乐器
食品/酒类/生鲜/特产
礼品鲜花/农资绿植
医药保健/计生情趣
图书/音像/电子书
机票/酒店/旅游/生活
理财/众筹/白条/保险

首页
服装城
京东超市
团购
夺宝岛
闪购

图1.3.8 京东商城商品分类　　图1.3.9 导航条

⑦网站咨询信息,如图1.3.10所示。

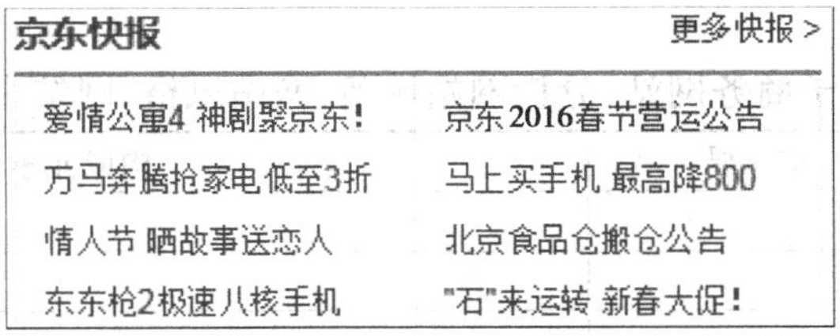
京东快报
更多快报 >
爱情公寓4 神剧聚京东!
京东2016春节营运公告
万马奔腾抢家电低至3折
马上买手机 最高降800
情人节 晒故事送恋人
北京食品仓搬仓公告
东东枪2极速八核手机
"石"来运转 新春大促!

图1.3.10 京东商城商品咨询

⑧商品信息,如图1.3.11所示。

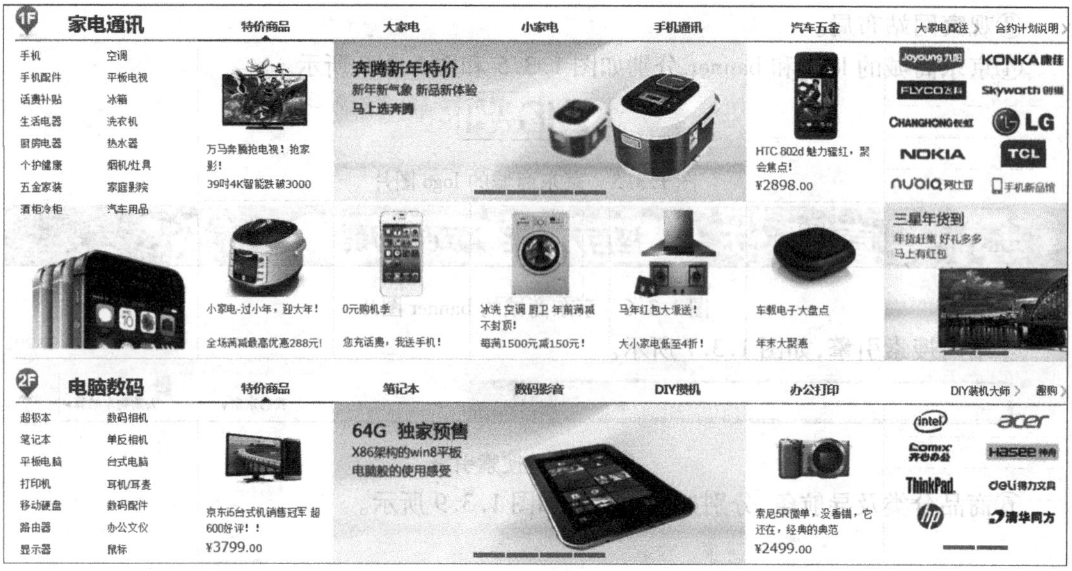
1F 家电通讯
特价商品
大家电
小家电
手机通讯
汽车五金
大家电配送
合约计划说明
手机
空调
手机配件
平板电视
话费补贴
冰箱
生活电器
洗衣机
厨房电器
热水器
个护健康
烟机/灶具
五金家装
家庭影院
酒柜冷柜
汽车用品
万马奔腾抢电视！抢家影！
39吋4K智能跌破3000
奔腾新年特价
新年新气象 新品新体验
马上选奔腾
HTC 802d 魅力猩红，聚会焦点！
¥2898.00
三星年货到
小家电-过小年，迎大年！
全场满减最高优惠288元！
0元购机季
您充话费，我送手机！
冰洗 空调 厨卫 年前满减不封顶！
每满1500元减150元！
马年红包大派送！
大小家电低至4折！
车载电子大盘点
年末大聚惠
2F 电脑数码
特价商品
笔记本
数码影音
DIY攒机
办公打印
DIY装机大师
趣购
超极本
数码相机
笔记本
单反相机
平板电脑
台式电脑
打印机
耳机/耳麦
移动硬盘
数码配件
路由器
办公文仪
显示器
鼠标
京东i5台式机销售冠军 超600好评！！
¥3799.00
64G 独家预售
X86架构的win8平板
电脑般的使用感受
索尼5R微单，没香错，它还在，经典的典范
¥2499.00

图 1.3.11　京东商城商品信息

⑨帮助信息，如图 1.3.12 所示。

购物指南
购物流程
会员介绍
团购/机票
常见问题
大家电
联系客服
配送方式
上门自提
211限时达
配送服务查询
配送费收取标准
Global Shipping
支付方式
货到付款
在线支付
分期付款
邮局汇款
公司转账
售后服务
售后政策
价格保护
退款说明
返修/退换货
取消订单
特色服务
夺宝岛
DIY装机
延保服务
京东卡
节能补贴
京东自营覆盖区县
京东已向全国1331个区县提供自营配送服务，支持货到付款、POS机刷卡和售后上门服务。
查看详情 >

图 1.3.12　京东商城帮助信息

⑩版本信息，如图 1.3.13 所示。

关于我们 | 联系我们 | 人才招聘 | 商家入驻 | 广告服务 | 手机京东 | 友情链接 | 销售联盟 | 京东社区 | 京东公益
北京市公安局朝阳分局备案编号110105014669 | 京ICP证070359号 | 互联网药品信息服务资格证编号(京)-非经营性-2011-0034
音像制品经营许可证苏宿批005号 | 出版物经营许可证编号新出发(苏)批字第N-012号 | 互联网出版许可证编号新出网证(京)字150号
网络文化经营许可证京网文[2011]0168-061号 Copyright © 2004-2014 京东JD.com 版权所有
京东旗下网站：360TOP 迷你挑 English Site
经营性网站备案信息
可信网站信用评价
朝阳网络警察提醒您
诚信网站

图 1.3.13　京东商城版本信息

任务拓展

查看 3 个以上的电子商务网站，分析网站域名、网站风格、网站主要内容等。

网站名称	布　局	构成元素

任务评价

评价内容	评价			
	个人评价	小组评价	教师评价	任务得分
学习任务完成情况及进度				
主动与同组其他成员积极沟通并协助其他成员共同完成学习任务				
任务完成是按老师所提供的方法还是其他方法				
是否掌握本任务内容				
能否独立完成任务	□独立完成 □与同学合作完成 □在老师的指导下完成			

项目2　快速建站

项目背景

建立一个好的电子商务网站同运作一个好的剧团一样，剧团要想取得好的演出效果，不仅要有好演员，还要有好的剧本、舞台、灯光和音响。电子商务网站要想得到用户的青睐，就要从注册域名开始，选择有特色、能代表企业形象的域名；选择适合企业需要的建站方法，配置好服务器等硬件设备；选择适用的软件平台，这样企业就具备了网站建设的基本条件。

学习目标

通过注册域名、主机、Dreamweaver 软件，建立一个简单的电子商务网站。

项目分解

任务1　注册域名
任务2　选择企业建立网站的方式
任务3　创建电子商务网站

任务1　注册域名

任务要求

- 了解域名的命名规则，确定网站的域名。
- 在网站上查询和注册域名。

知识点与技能

- 能根据电子商务网站的类型、风格确定网站域名。
- 能通过对比分析不同域名注册网站的特点,选择和注册企业域名。

任务准备

- 小组协作,按4人一组组成学习小组,根据学习情况、性格选出小组长,由小组长带领小组协作完成。
- 讲解演示,教师讲解完成本任务需要掌握的知识技能,进一步说明完成学习的基本要求和任务的具体实施。

知识链接

1.什么是域名

域名对网站来说是一个极其重要的部分,是网站的"商标"。全球任何一个Internet用户只要知道企业的域名,就可立即访问这个企业的网站,所以说,域名又是企业在Internet上的门牌号码。所谓域名,是指一种基于IP地址的层次化的主机命名方式,是一种用于解决IP地址不易记忆的方法;域名体系使IP地址的使用更有秩序、更易管理,是比IP地址更高级的地址形式。域名具有世界唯一性,域名注册机构保证全球范围内没有重复的域名。

2.域名的组成

一个完整的域名由两个或两个以上部分组成,各部分之间用英文的句号"."来分隔,例如下列域名:taobao.com,ai.taobao.com,其中第一个域名由两个部分组成,第二个域名由三个部分组成。最后一个"."的右边部分称为顶级域名或一级域名(TLD),在上面的域名例子中,com是顶级域名,代表网站的类型为商业。最后一个"."的左边部分称为二级域名(SLD),例如,域名taobao.com中taobao是二级域名。二级域名的左边部分称为三级域名,域名ai.taobao.com中的ai是三级域名。三级域名的左边部分称为四级域名,以此类推。例如,http://www.dangdang.com从左到右分别是:传输协议、主机类型、主机名、二级域名、顶级域名。

3.域名的命名规则

①域名可由若干个英文字母和阿拉伯数字以及减号"-"组成,并由点号"."分隔成几层,每层最长不能超过26个字母,字母不区分大小写。

②选择简短、切题、易记的域名。

选择一个简短、切题、易记的域名是网站成功的重要因素之一。这种域名往往会给用户留下深刻的印象。例如,阿里巴巴的域名采用的是纯数字域名,简单好记,无论用电话传达或信件传达都不易混乱。淘宝网以淘宝的汉语拼音为名,采用汉语拼音而不是英文,会更多地赢得那些英文不熟的访客的访问量。1号店的域名采用的是拼音字母首字的缩写,简短易记。唯品会采用的是英文单词的缩写。此外,域名不宜太长,否则很难记忆,谁也不愿意去敲一个长而难记的地址去访问。

③选择与本公司密切相关的域名。

一个好的域名应该与企业的性质、企业的名称、企业的商标及平时的企业宣传一致，这样的域名易记易找，也能成为网络上的活广告，无形中宣传了企业的形象，保护了企业的利益。例如，京东商城。

任务实施

活动　为电子商务网站注册域名

①为自己的电子商务网站设计一个合适的域名。

②通过搜索引擎查找域名注册网站。

打开 IE 浏览器，在地址栏中输入百度网址，在搜索引擎中输入“域名注册”，显示页面如图 2.1.1 所示。

Baidu百度
域名注册
百度一下
网页 新闻 贴吧 知道 音乐 图片 视频 地图 文库 更多»
百度为您找到相关结果约6,520,000个
搜索工具
域名注册-腾讯云全国顶尖域名服务商 域名注册8元起
域名注册-「腾讯云」百万用户的信赖首选,多类型域名可自主选择域名注册-「腾讯云」提供可靠技术保障,一站式满足用户域..
域名注册: com域名￥45 cn域名￥16 net域名￥55
热门推荐: 域名注册 域名解析 域名备案 SSL证书
腾讯云
cloud.tencent.com 2017-09 - 272条评价 - 广告
域名注册 COM35元起 附赠250G企业邮箱 新注域名1元起
在中国,域名=万网,超2000万域名在万网注册.推出网络诚.xin专属域名,免费域名注册信息隐私保护服务,免费域名安全锁服务,7x24小时专业售后服务
万网
wanwang.aliyun.com 2017-09 - 380条评价 - 广告
域名购买 .com域名7元 限量抢购 GoDaddy
GoDaddy—立刻抢注你的域名! 国际域名注册领导品牌 : godaddy.com/DomainsGoDaddy
官方客服热线: 支持普通话用户!
www.godaddy.com 2017-09 - 评价 - 广告
免费域名注册
PC+手机+微信的网站
热点: 域名注册 优势: 域名空间服务 | 用户的选择 | 轻松拥有
免费域名注册,上凡科建站,一站式解决企业建站需求,功能强..
智能建站: 免费建站 免费模板 企业建站: 免费手机建站
www.faisco.com 2017-09 - 1134条评价 - 广告
域名空间就选西部数码 全国三强 域名注册4元起
专业域名主机服务提供商,西部数码主机:稳定,高速,快速备案!1G全能

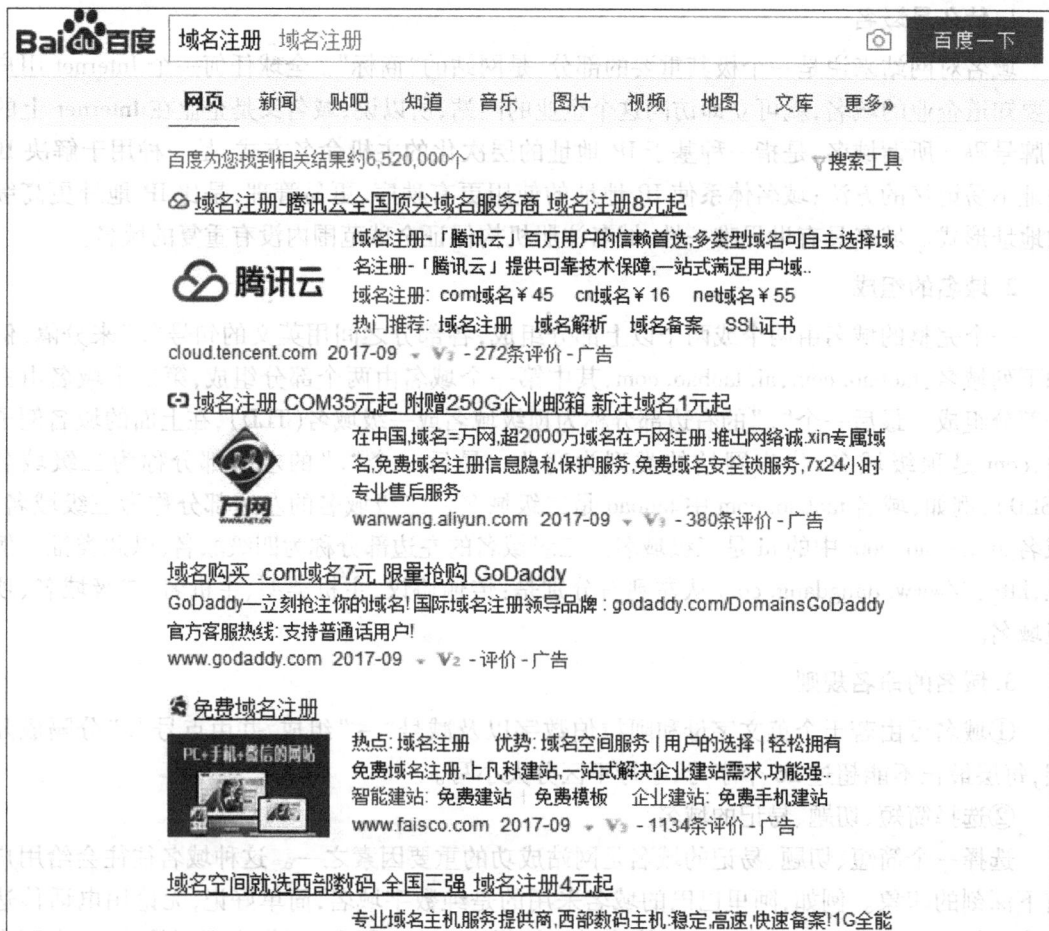

图 2.1.1　域名注册网站

③选择一个域名注册网站，了解网站提供的服务类型及域名注册价格等信息，例如选择“万网”，如图 2.1.2 所示。

优惠专区 | 备案专区 | 帮助中心 | 万网微博 | 论坛
万网
阿里云旗下品牌
欢迎来到万网 [登录] [免费注册] 我的订单 产品管理|续费 购物车 0 件 去结算>>
产品快讯：com域名新购49，续费55，转入限时39元 | 寻找你的.com，赢取信赖，赢响未来
云服务器 云虚拟主机 网站建设 企业云邮箱 云市场 会员中心 优惠专区
万网开始
00,000域名在这里注册
.com 查询
域名备案
多选模式
.net ￥49 立省90元
英文.cn ￥49 值得购买
域名转入 ￥39 在线批量转入
域名续费 ￥55 后顾无忧
免费注册
会员登录
基础工具限时免费
还送30000元！
工具类型：
服务器可视化管理面板
OSS的FTP云工具
查看详情
DNS故障赔偿服务
7x24小时专业售后服务
万网公告
12月31日企业云邮箱产品升级公告 12-28
近期不法份子借万网名义诈骗活跃 12-27
备案系统维护通知2013年12月27日18:... 12-26

图 2.1.2　万网首页

④注册域名。在查询栏中输入域名，查看域名是否被注册，若被注册，需重新设计域名，如图 2.1.3 所示。

请输入您要注册的域名，如wanwang
.com
查询

图 2.1.3　域名查询搜索引擎

任务拓展

为企业建立多个域名，并查看是否被注册，若被注册，如何收购？

任务评价

评价内容	评　价			
	个人评价	小组评价	教师评价	任务得分
学习任务完成情况及进度				
主动与同组其他成员积极沟通并协助其他成员共同完成学习任务				
任务完成是按老师所提供的方法还是其他方法				
能否独立完成该任务	□独立完成 □与同学合作完成 □在老师的指导下完成			

任务2 选择企业建立网站的方式

任务要求

- 根据企业的特点,选择企业的建站方式。

知识点与技能

- 了解企业建站的几种方式。
- 查看服务商网址,根据企业需求,选择合适的建站方式。

任务准备

- 小组协作,按4人一组组成学习小组,根据学习情况、性格选出小组长,由小组长带领小组协作完成。
- 讲解演示,教师讲解完成本任务需要掌握的知识技能,进一步说明完成学习的基本要求和任务的具体实施。

知识链接

ISP 的选择

(1)Internet 的接入方式

企业网站接入 Internet 可以有多种方式,目前国内主要采取以下3种接入方式。

①专线接入:通过专门的线路将企业内部局域网接入 Internet。这里的专线是指所有可以连接 Internet 的线路连接方式,包括 DDN 专线、帧中继及光纤等形式。

②服务器托管:将 Web 服务器放到电信局或其他提供这项服务的网络公司进行托管,就是服务器托管方式。

③虚拟主机:许多 ISP(Internet Service Provider)不仅有充裕的网络带宽,而且还有空余的磁盘空间,租用这部分空间,一般费用很低,有的甚至免费。

租用空间也可分为两种方式:一种方式是不拥有独立的域名,空间的网络地址只能是一串奇怪的 URL;另一种方式是租用的空间可以拥有独立的域名,有的甚至可以拥有独立的 IP 地址,这种方式又称为"虚拟主机"。"虚拟主机"是专门进行建站服务的商家们主推的形式,也是中、小型企业在低投入情况下的一种很好的选择。与服务器托管方式相比,这种方式可以节省购买服务器的开支,同时也可以获得较高的访问速度。

各企业应根据自身的具体情况选择相应的接入方式,目前大多数企业采用虚拟主机的接入方式。企业无论采用哪种接入方式,都离不开 ISP 的帮助。

(2)如何选择 ISP

ISP 是 Internet Service Provider 的缩写,其意为 Internet 的接入服务提供商。每一个 ISP 都有自己的服务器,且通过专门的线路 24 h 不间断地连接在 Internet 上。需要进入 Internet

时，只要通过与 ISP 端的服务器连接，就可与世界各地连接在 Internet 上的计算机进行数据交换了。

决定 ISP 提供服务质量好坏的因素是专线带宽、中继线数量及数据流通时的最高通信速率。

①专线带宽。专线带宽是指 ISP 的服务器与 Internet 连接时的专线数据传输速率。因为所有的 ISP 用户在与 ISP 服务器连通之后，都使用这条专线，所以专线的带宽越宽，用户的连线速度也就越快。国内大多数 ISP 都是使用 CHINANET 的国际出口与 Internet 连接，它们所提供的专线带宽是指与 CHINANET 连接专线的数据传输速率。

②中继线数量。中继线的多少决定了该 ISP 可以同时支持的用户数。也就是说，如果该 ISP 有 100 条中继线就可以同时支持 100 个用户上网，有的 ISP 租用中继线，而有的 ISP 是电信部门直接主办的。

③最高通信速率。目前 ADSL 用户下行速度可达到 14 ~ 25 MB/s，最高上行速度可达到 409 KB/s ~ 2.5 MB/s。移动上网下行速度可达 18.75 MB/s，上行速度可达 12.5 MB/s。

(3) ISP 的收费

收费及服务一直是各家 ISP 所竞争的焦点。目前的收费方式基本上有主叫式计费方式、固定账户按实际使用时间收费和固定账户包月制 3 种。

(4) 建设网站所需费用的估算

目前，在国内网站的建设和运作费用主要包括以下 7 个方面。

①域名费用。注册域名后，每年需要交纳一定的费用以持有该域名的使用权。

②线路接入费用和合法 IP 地址费用。不同 ISP、接入方式和速率下的费用有差别，速率越高，月租费也越贵。

③服务器硬件设备费用。如果是租赁专线自办网站，还需购置路由器、调制解调器、防火墙等接入设备及配套软件，采用主机托管或虚拟主机则可免去这部分的费用。

④如果进行主机托管或租用虚拟主机，那么可能要支付托管费或主机空间租用费。托管费一般按主机在托管机房所占的空间大小（以 U 为单位，通常是指机架单元）来计算；空间租用费则按所占主机硬盘空间大小（以 MB 为单位）来计算。

⑤系统软件费用。系统软件费用包括购置操作系统、Web 服务器软件及数据库软件等软件的费用。

⑥开发维护费用。软、硬件平台搭建好后，必须考虑具体的 Web 页面设计、编程和数据库开发以及后期的平台维护费用。网站的开发维护可以委托给专业的网站制作商，其费用可以一并算清。

⑦网站的市场推广和经营费用。

任务实施

活动　选择合适的建站方式

①搜索服务器和虚拟主机提供商网址。

②登录万网，查看服务器的类型、性能价格，如图 2.2.1 所示。

优惠专区 | 备案专区 | 帮助中心 | 万网微博 | 论坛
万网
www.net.cn 阿里云旗下品牌
欢迎来到万网 [登录] [免费注册] 我的订单 产品管理|续费 购物车 0 件 去结算>>
产品快讯：com域名新购49，续费55，转入限时39元 | 寻找你的.com，赢取信赖，赢哨未来
首页 域名注册 云服务器 云虚拟主机 网站建设 企业云邮箱 云市场 会员中心 优惠专区
当前位置：万网首页 >> 云服务器 >> 轻云服务器
云服务器
云服务器首页
轻云服务器
阿里云服务器
温馨提醒：万网暂无法受理黑龙江、甘肃、西藏三省备案，请您慎重购买！其他省份客户请您放心购买，均可正常使用。
轻云服务器
无需配置即买即用，适用于企业、个人客户，适合ASP.NET PHP语言的网站或应用
客户是这样评价云服务器的：
页面打开很快，网站成员和读者都很满意。阿里云的工单方式比起传统IDC和机房封闭式的霸道管理人性化了很多，另外在解决问题时客户的电话很及时。希望网站在阿里云上能发展的更好。
--博客园
基于阿里云各项云服务的优势：需要的配置可以直接在线自定义完成，获得云服务的流程便捷、易操作：云计算可以迅速获得服务，在游戏快速扩张时期能够及时解决硬件瓶颈；完整的运营与服务体系，技术支持服务的响应速度快，让游戏运营"放心"。
--DeNA china
畅捷通与阿里云进行广泛的合作，我们的多款软件服务都将陆续托管在云平台上。以在线客户关系管理为例，基于互联网模式，可以实现360度的客户信息整合，同时能够多角度的查询和分析客户特征，方便我们各部门之间的协作，同时按需扩展的模式，也非常适合我们数据量日益庞大的现状。
--畅捷通
基本版 标准版 专业版 尊享版
网页空间：40G 独享内存：1G
网站带宽：2M 数据库空间：1G MySQL 5.1
独享CPU：单核（Xeon 2.26GHz）
操作系统： Linux 此型号仅支持Linux系统，若需要Windows系统请点击 标准版
网站语言：PHPv4.3/v5.2 HTML WAP PERL5 独立CGI-bin
价 格：1390元/ 1年
立即购买
参数配置 轻云服务器 --"轻"在何处？ 常见购买问题 产品对比
无需配置，即买即用
预装Windows正版操作系统IIS7.5环境，适合ASP、ASP.NET等语言的网站或应用。
预装Linux操作系统Apache环境，适合HTML、PHP等语言的网站或应用。
管理可视化，操作可视化
预装阿里云全新云服务器控制面板，只要有网络有电脑随时随地管理您的服务器。
查看使用帮助
免费迁移、自助迁移
轻云服务器数据迁移全程自动进行，您需要做的就是登录进入会员中心，点击数据迁移。
查看使用帮助

图 2.2.1 域名查询引擎

③查看虚拟主机，对比不同类型虚拟主机的参数，根据企业情况进行选择，如图 2.2.2 所示。

任务拓展

对比不同服务商提供的主机和虚拟服务器的价格、性能、参数等信息。

阿里云
中国站
控制台
文档
备案
邮箱
登录
全部导航
最新活动
产品
解决方案
定价
ET大脑
数据智能
安全
云市场
支持与服务
合作伙伴
免费注册
海外云虚拟主机包年7折起
无需备案，助力企业用户搭建海外网站！
查看详情
咨询·建议
独享云虚拟主机
网站数据自动备份
网站木马查杀
支持PHP7.0、7.1
独立IP不限流量
并发连接数不限
活动推荐 独享虚机包年7折起！标准系列2年、3年75折，高效系列2年、3年7折！
经济版
限一台
入门建站首选
5G 网页空间
1核1G CPU内存
500M 数据库
1M 带宽
2年、3年9折
¥298/年
立即购买
普惠版
推荐
适合初创型中小企业网站
20G 网页空间
1核1G CPU内存
1G 数据库
2M 带宽
2年、3年7折
¥75/月
立即购买
专业版
适合企业、政府官网、社区网站
50G 网页空间
1核2G CPU内存
1G 数据库
2M 带宽
2年、3年7折
¥115/月
立即购买
尊贵版
适合电商、视频、团购类网站
100G 网页空间
2核4G CPU内存
1G 数据库
2M 带宽
2年、3年7折
¥230/月
立即购买
免备案
虚拟主机
5G
网页空间
500M
数据库
IP
独立
¥298/年
立即购买
WordPress
轻应用ECS
1C
CPU
1G
内存
1M
带宽
¥597.6/年起
立即购买

图 2.2.2　不同类型的虚拟主机

任务评价

<table>
<tr><th rowspan="2">评价内容</th><th colspan="4">评　价</th></tr>
<tr><th>个人评价</th><th>小组评价</th><th>教师评价</th><th>任务得分</th></tr>
<tr><td>学习任务完成情况及进度</td><td></td><td></td><td></td><td rowspan="4"></td></tr>
<tr><td>主动与同组其他成员积极沟通并协助其他成员共同完成学习任务</td><td></td><td></td><td></td></tr>
<tr><td>任务完成是按老师所提供的方法还是其他方法</td><td></td><td></td><td></td></tr>
<tr><td>能否独立完成该任务</td><td colspan="3">□独立完成
□与同学合作完成
□在老师的指导下完成</td></tr>
</table>

任务3 创建电子商务网站

任务要求

➢ 通过使用 Dreamweaver 工具,创建和管理站点,安装和设置 IIS。

知识点与技能

➢ 使用 Dreamweaver CS5 创建和管理站点。

➢ 能够安装和设置 IIS。

任务准备

➢ 小组协作,按 4 人一组组成学习小组,根据学习情况、性格选出小组长,由小组长带领小组协作完成。

➢ 讲解演示,教师讲解完成本任务需要掌握的知识技能,进一步说明完成学习的基本要求和任务的具体实施。

知识链接

1. 网站文件与文件夹名称规范

①Windows NT 格式:扩展名应为 3 个字符。

②Unix 格式:扩展名为 4 个字符。

③不要用特殊字符命名:斜线(/)、减号(-)、反斜线(\)、加号(+)、冒号(:)、英文句号。

④不要用数字命名。

⑤不要用中文命名。

⑥英文名称要用小写,不要用大写或大小写混用。

⑦站点首页名称一般情况下要用 index。

2. 什么是 IIS

IIS(全称 Internet Information Server)是 Windows 系统提供的一种服务,它包括 WWW 服务器、FTP 服务器和 SMTP 服务器,是架设个人网站的首选。

Microsoft IIS 是允许在公共 Intranet 或 Internet 上发布信息的 Web 服务器。Internet Information Server 通过使用超文本传输协议(HTTP)传输信息。还可配置 Internet Information Server 以提供文件传输协议(FTP)和 gopher 服务。FTP 服务允许用户从 Web 节点或到 Web 节点传送文件。gopher 服务为定位文档使用菜单驱动协议。HTTP 协议已经尽可能地代替了 gopher 协议。

任务实施

活动1 新建站点

站点能够更好地管理网站上的文件,尽可能地减少一些错误的出现,如路径、链接等。

使用“管理站点”向导搭建站点步骤如下：

①启动 Dreamweaver CS5 程序，在菜单栏中，选择“站点”→“管理站点”菜单项，如图2.3.1所示。

②弹出“管理站点”对话框，在对话框中单击“新建”按钮，如图2.3.2 所示。

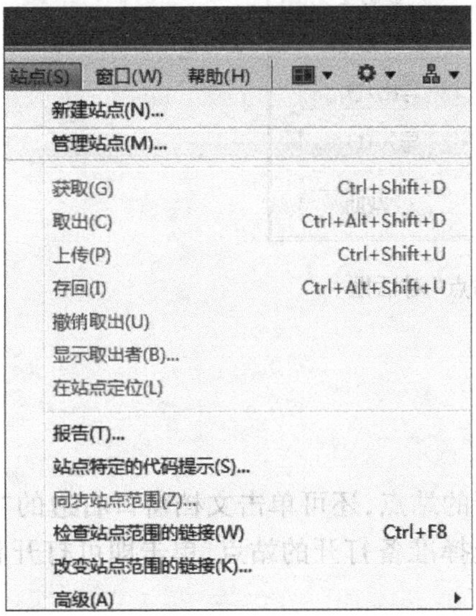
站点(S) 窗口(W) 帮助(H)
新建站点(N)...
管理站点(M)...
获取(G) Ctrl+Shift+D
取出(C) Ctrl+Alt+Shift+D
上传(P) Ctrl+Shift+U
存回(I) Ctrl+Alt+Shift+U
撤销取出(U)
显示取出者(B)...
在站点定位(L)
报告(T)...
站点特定的代码提示(S)...
同步站点范围(Z)...
检查站点范围的链接(W) Ctrl+F8
改变站点范围的链接(K)...
高级(A)

图2.3.1 Dreamweaver 菜单栏

管理站点
新建(N)...
编辑(E)...
复制(P)
删除(R)
导出(T)...
导入(I)...
完成(D)
帮助

图2.3.2 “管理站点”对话框

③弹出“站点设置对象”对话框，在对话框中选择“站点”选项卡，在“站点名称”文本框中输入准备使用的名称，单击“本地站点文件夹”右侧的“浏览文件夹”按钮，选择准备使用的站点文件夹，单击“选择”按钮，如图2.3.3 所示。

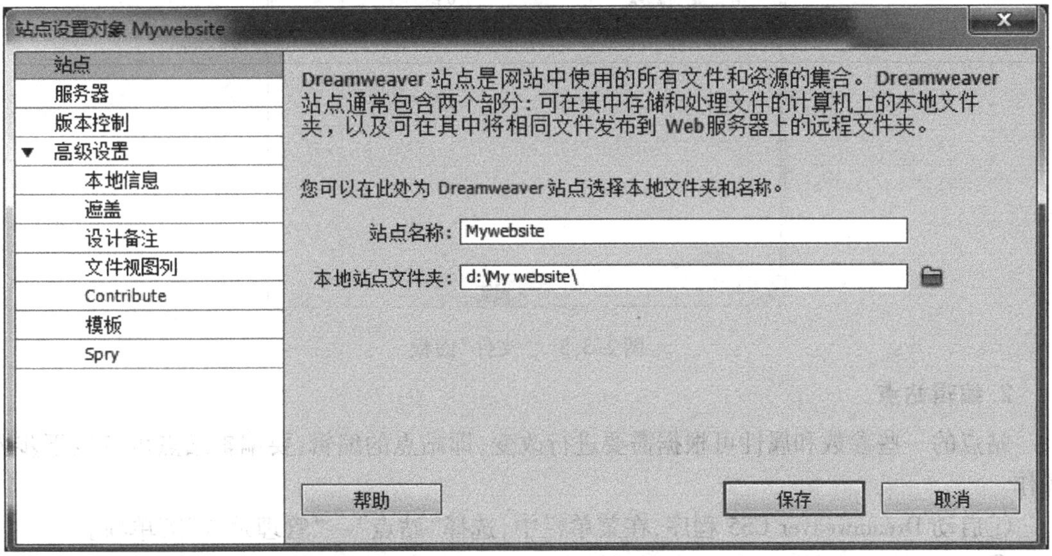
站点设置对象 Mywebsite
站点
服务器
版本控制
高级设置
本地信息
遮盖
设计备注
文件视图列
Contribute
模板
Spry
Dreamweaver 站点是网站中使用的所有文件和资源的集合。Dreamweaver 站点通常包含两个部分：可在其中存储和处理文件的计算机上的本地文件夹，以及可在其中将相同文件发布到 Web服务器上的远程文件夹。
您可以在此处为 Dreamweaver 站点选择本地文件夹和名称。
站点名称： Mywebsite
本地站点文件夹： d:\My website\
帮助
保存
取消

图2.3.3 “站点设置对象”对话框

④在“管理站点”对话框中，显示刚刚新建的站点，单击“完成”按钮，结束站点的设置，如图2.3.4 所示。至此，一个站点就建立完成了。另外，还可对站点进行编辑。

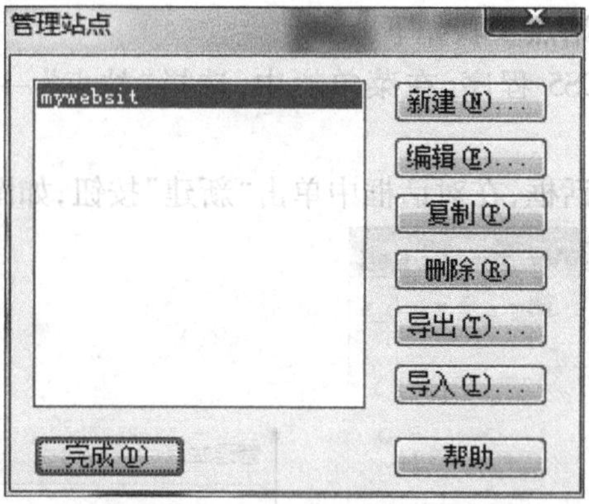
管理站点
mywebsit
新建(N)...
编辑(E)...
复制(P)
删除(R)
导出(T)...
导入(I)...
完成(D)
帮助

图 2.3.4 “管理站点”对话框

活动2 管理站点

1. 打开站点

在运行 Dreamweaver CS5 之前，需要先打开新的站点，还可单击文档窗口右边的“文件”面板中左边的下拉列表，在弹出的下拉列表中，选择准备打开的站点，单击即可打开相应的站点，如图 2.3.5 所示。

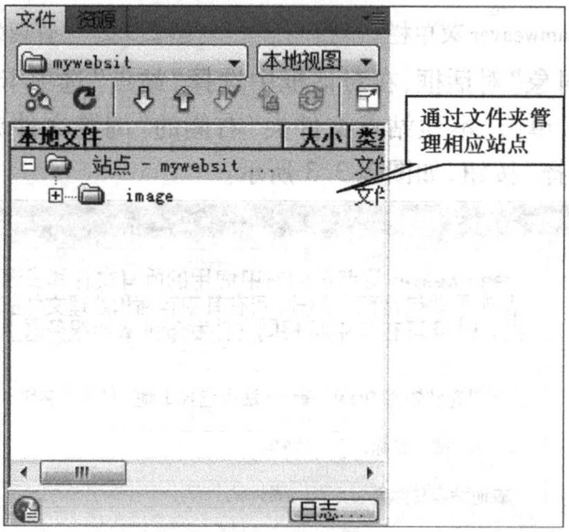
文件
资源
mywebsit
本地视图
本地文件
大小
站点 - mywebsit ...
image
通过文件夹管理相应站点
日志...

图 2.3.5 “文件”面板

2. 编辑站点

站点的一些参数和属性可根据需要进行改变，即站点的编辑，要编辑站点可按以下步骤操作。

①启动 Dreamweaver CS5 程序，在菜单栏中，选择“站点”→“管理站点”菜单项。

②弹出“管理站点”对话框，在对话框中，单击“编辑”按钮，如图 2.3.6 所示。

③弹出“站点设置对象”对话框，如图 2.3.7 所示。单击展开“高级设置”下拉按钮，其中包括编辑站点的相关信息，在其中可以进行相应的编辑。

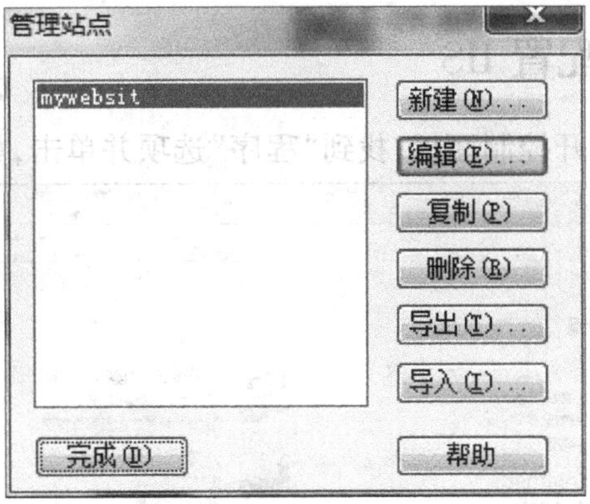
管理站点
mywebsit
新建(N)...
编辑(E)...
复制(P)
删除(R)
导出(T)...
导入(I)...
完成(D)
帮助

图 2.3.6 “管理站点”对话框、编辑命令

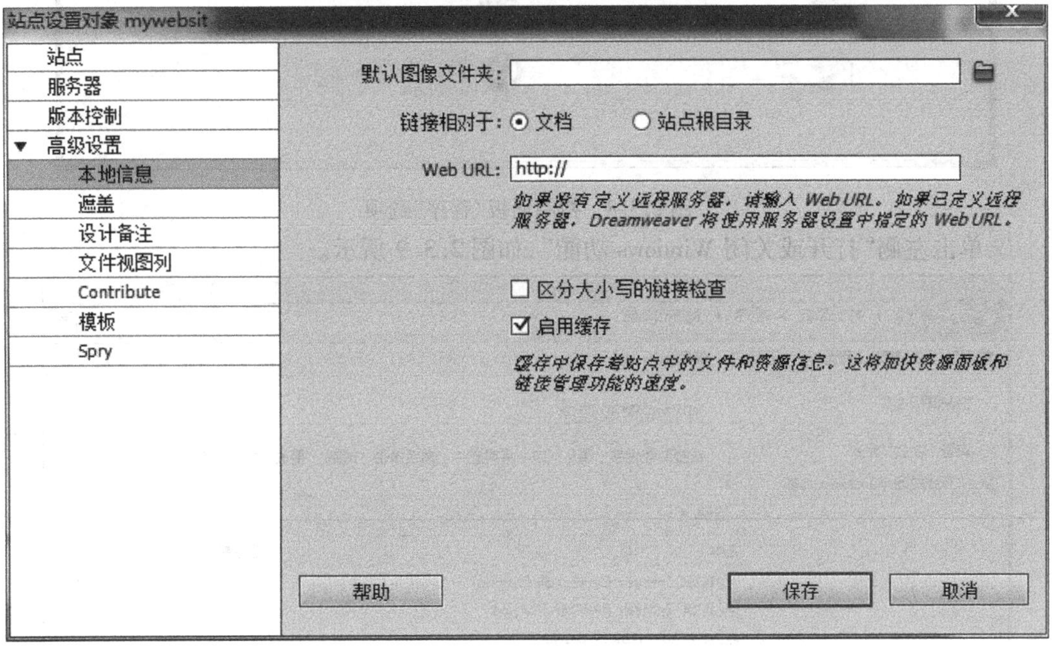
站点设置对象 mywebsit
站点
服务器
版本控制
高级设置
本地信息
遮盖
设计备注
文件视图列
Contribute
模板
Spry
默认图像文件夹:
链接相对于: 文档
站点根目录
Web URL: http://
如果没有定义远程服务器，请输入 Web URL。如果已定义远程服务器，Dreamweaver 将使用服务器设置中指定的 Web URL。
区分大小写的链接检查
启用缓存
缓存中保存着站点中的文件和资源信息。这将加快资源面板和链接管理功能的速度。
帮助
保存
取消

图 2.3.7 “站点设置对象”对话框

④单击“保存”按钮，返回至“管理站点”对话框，单击“完成”按钮即可完成站点的编辑。

3. 删除站点

①启动 Dreamweaver CS5 程序，在菜单栏中，选择“站点”→“管理站点”菜单项。

②弹出“管理站点”对话框，在该对话框中，单击“删除”按钮。

③弹出“Dreamweaver”对话框，单击“是”按钮，即可删除站点。

4. 复制站点

①启动 Dreamweaver CS5 程序，在菜单栏中，选择“站点”→“管理站点”菜单项。

②弹出“管理站点”对话框，在该对话框中，单击“复制”按钮。

③在“管理站点”列表框中，显示新建的站点，单击“完成”按钮，即可完成对站点的复制。

活动 3　安装和配置 IIS

①首先是安装 IIS。打开控制面板,找到“程序”选项并单击,如图 2.3.8 所示。

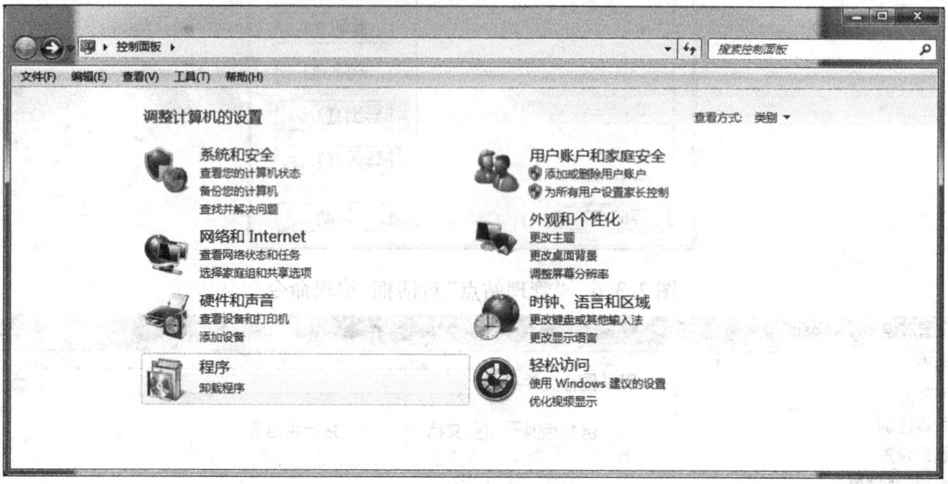
控制面板
文件(F) 编辑(E) 查看(V) 工具(T) 帮助(H)
调整计算机的设置
查看方式: 类别
系统和安全
查看您的计算机状态
备份您的计算机
查找并解决问题
网络和 Internet
查看网络状态和任务
选择家庭组和共享选项
硬件和声音
查看设备和打印机
添加设备
程序
卸载程序
用户账户和家庭安全
添加或删除用户账户
为所有用户设置家长控制
外观和个性化
更改主题
更改桌面背景
调整屏幕分辨率
时钟、语言和区域
更改键盘或其他输入法
更改显示语言
轻松访问
使用 Windows 建议的设置
优化视频显示

图 2.3.8　控制面板“程序”选项

②单击左侧“打开或关闭 Windows 功能”,如图 2.3.9 所示。

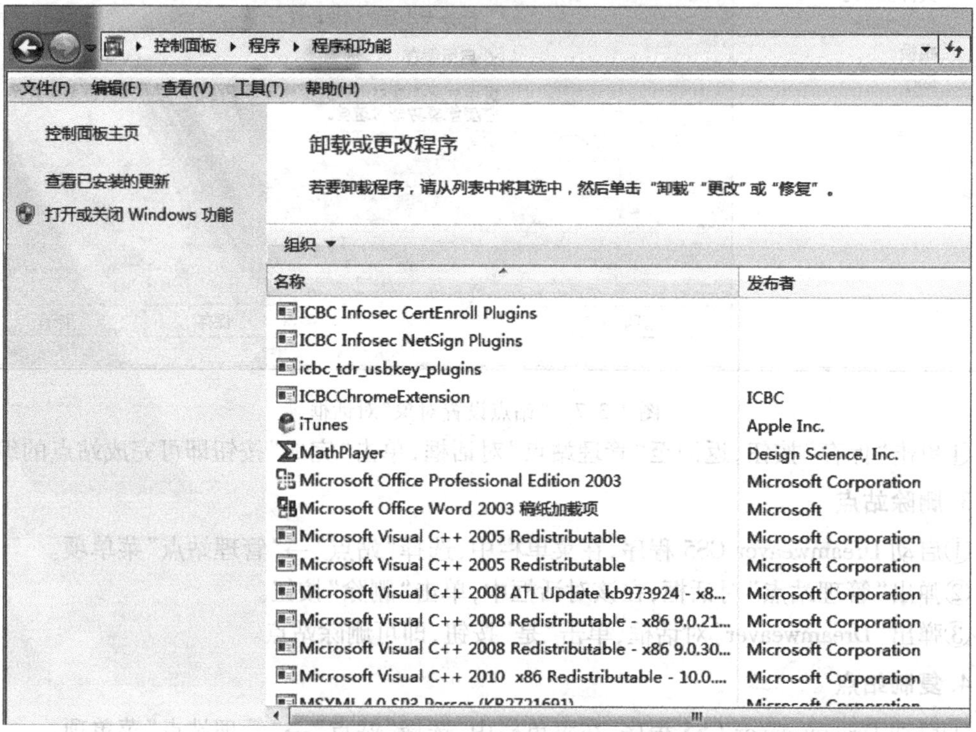
控制面板 ▸ 程序 ▸ 程序和功能
文件(F) 编辑(E) 查看(V) 工具(T) 帮助(H)
控制面板主页
查看已安装的更新
打开或关闭 Windows 功能
卸载或更改程序
若要卸载程序，请从列表中将其选中，然后单击“卸载”“更改”或“修复”。
组织
名称
发布者
ICBC Infosec CertEnroll Plugins
ICBC Infosec NetSign Plugins
icbc_tdr_usbkey_plugins
ICBCChromeExtension
ICBC
iTunes
Apple Inc.
MathPlayer
Design Science, Inc.
Microsoft Office Professional Edition 2003
Microsoft Corporation
Microsoft Office Word 2003 稿纸加载项
Microsoft
Microsoft Visual C++ 2005 Redistributable
Microsoft Corporation
Microsoft Visual C++ 2005 Redistributable
Microsoft Corporation
Microsoft Visual C++ 2008 ATL Update kb973924 - x8...
Microsoft Corporation
Microsoft Visual C++ 2008 Redistributable - x86 9.0.21...
Microsoft Corporation
Microsoft Visual C++ 2008 Redistributable - x86 9.0.30...
Microsoft Corporation
Microsoft Visual C++ 2010 x86 Redistributable - 10.0....
Microsoft Corporation

图 2.3.9　“卸载或更改程序”选项

③找到“Internet 信息服务”,按照图 2.3.10 所示打钩即可。

等待安装完成,如图 2.3.11 所示。

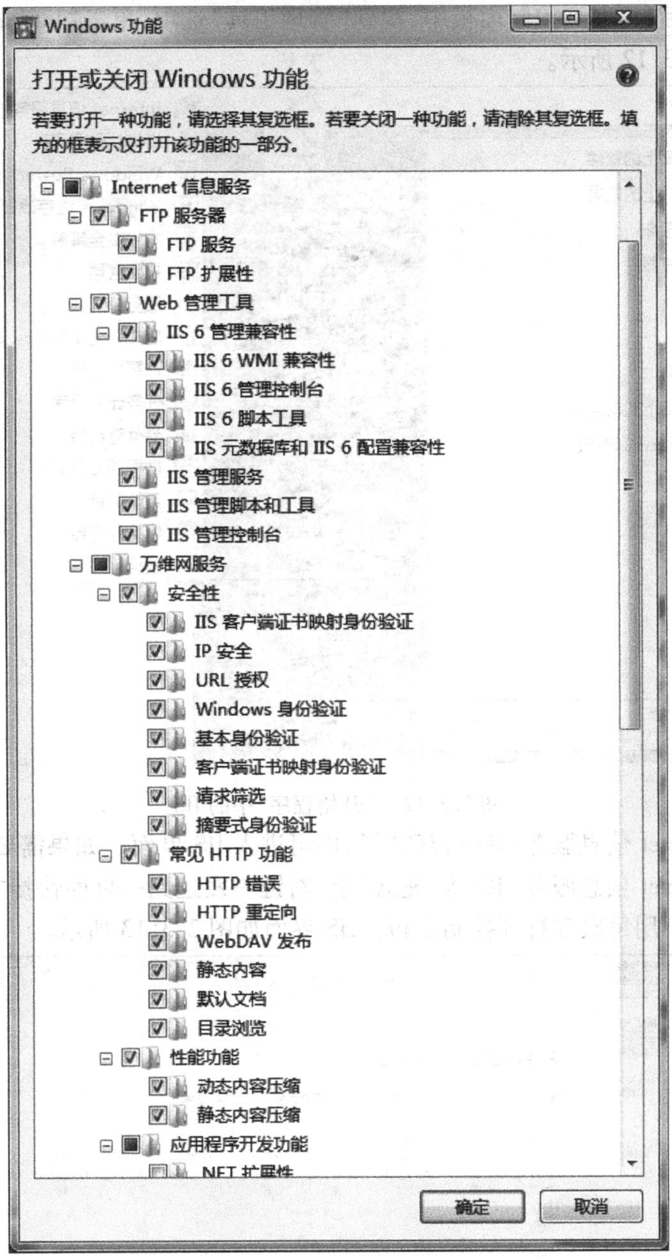
Windows 功能
打开或关闭 Windows 功能
若要打开一种功能，请选择其复选框。若要关闭一种功能，请清除其复选框。填充的框表示仅打开该功能的一部分。
Internet 信息服务
FTP 服务器
FTP 服务
FTP 扩展性
Web 管理工具
IIS 6 管理兼容性
IIS 6 WMI 兼容性
IIS 6 管理控制台
IIS 6 脚本工具
IIS 元数据库和 IIS 6 配置兼容性
IIS 管理服务
IIS 管理脚本和工具
IIS 管理控制台
万维网服务
安全性
IIS 客户端证书映射身份验证
IP 安全
URL 授权
Windows 身份验证
基本身份验证
客户端证书映射身份验证
请求筛选
摘要式身份验证
常见 HTTP 功能
HTTP 错误
HTTP 重定向
WebDAV 发布
静态内容
默认文档
目录浏览
性能功能
动态内容压缩
静态内容压缩
应用程序开发功能
确定
取消

图 2.3.10　Windows 选项

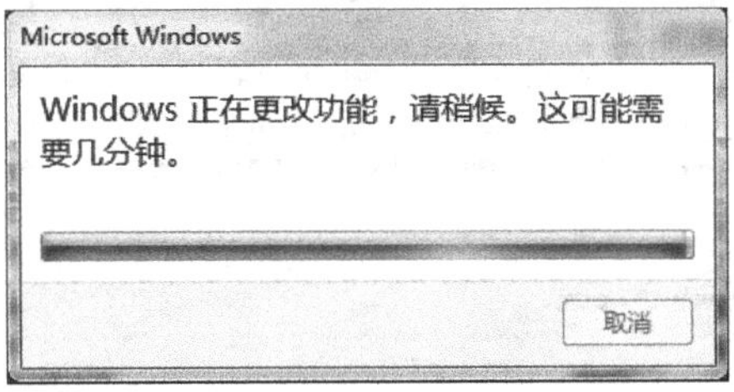
Microsoft Windows
Windows 正在更改功能，请稍候。这可能需要几分钟。
取消

图 2.3.11　IIS 安装界面

④安装完成后，再回到控制面板中，找到“管理工具”选项，单击“Internet 信息服务(IIS)管理器”，如图 2.3.12 所示。

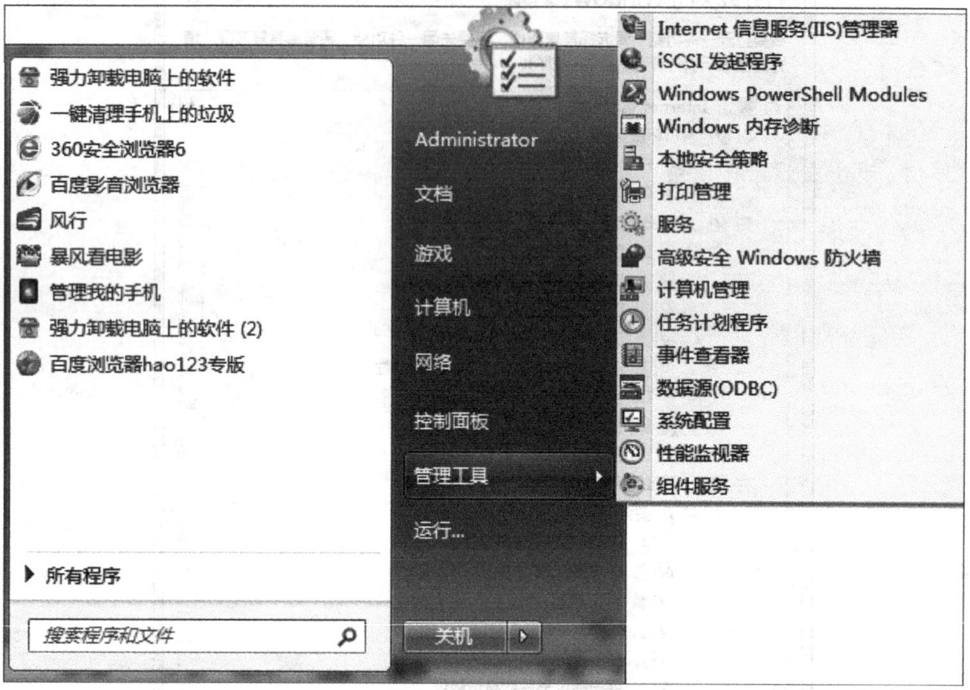
强力卸载电脑上的软件
一键清理手机上的垃圾
360安全浏览器6
百度影音浏览器
风行
暴风看电影
管理我的手机
强力卸载电脑上的软件 (2)
百度浏览器hao123专版
所有程序
搜索程序和文件
Administrator
文档
游戏
计算机
网络
控制面板
管理工具
运行...
关机
Internet 信息服务(IIS)管理器
iSCSI 发起程序
Windows PowerShell Modules
Windows 内存诊断
本地安全策略
打印管理
服务
高级安全 Windows 防火墙
计算机管理
任务计划程序
事件查看器
数据源(ODBC)
系统配置
性能监视器
组件服务

图 2.3.12 “开始程序”中的 IIS

⑤双击“Internet 信息服务(IIS)管理器”，即可进入 IIS 界面。如果需要经常使用 IIS，建议鼠标指到“Internet 信息服务(IIS)管理器”上，右键—发送到—桌面快捷方式，这样就能从桌面进入 IIS，而不用每次都打开控制面板。IIS 界面如图 2.3.13 所示。

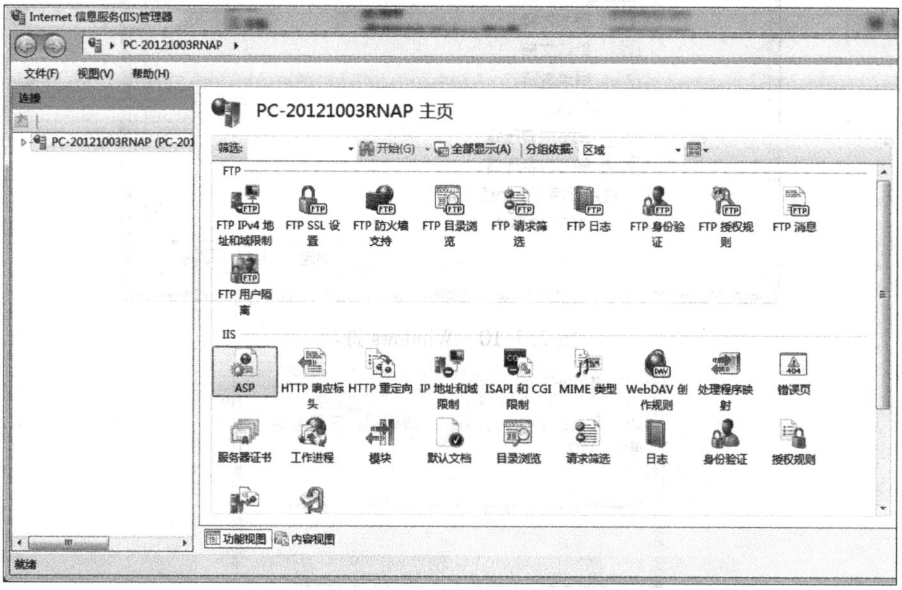
Internet 信息服务(IIS)管理器
PC-20121003RNAP
文件(F) 视图(V) 帮助(H)
连接
PC-20121003RNAP 主页
FTP
FTP IPv4 地址和域限制
FTP SSL 设置
FTP 防火墙支持
FTP 目录浏览
FTP 请求筛选
FTP 日志
FTP 身份验证
FTP 授权规则
FTP 消息
FTP 用户隔离
IIS
ASP
HTTP 响应标头
HTTP 重定向
IP 地址和域限制
ISAPI 和 CGI 限制
MIME 类型
WebDAV 创作规则
处理程序映射
错误页
服务器证书
工作进程
模块
默认文档
目录浏览
请求筛选
日志
身份验证
授权规则
功能视图
内容视图
就绪

图 2.3.13 IIS 界面

⑥选中“Default Web Site”,双击中间的“ASP”,把“启用父路径”改为“True”,如图2.3.14所示。

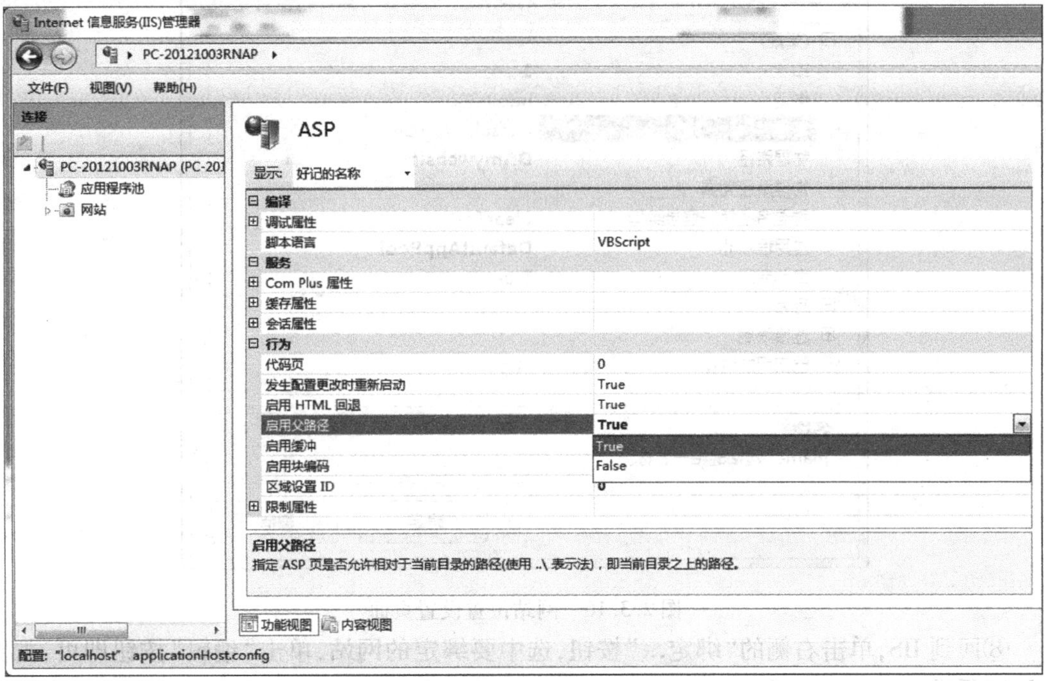

图 2.3.14　更改“启用父路径”参数

⑦配置站点。单击右侧“高级设置”按钮,如图 2.3.15 所示。

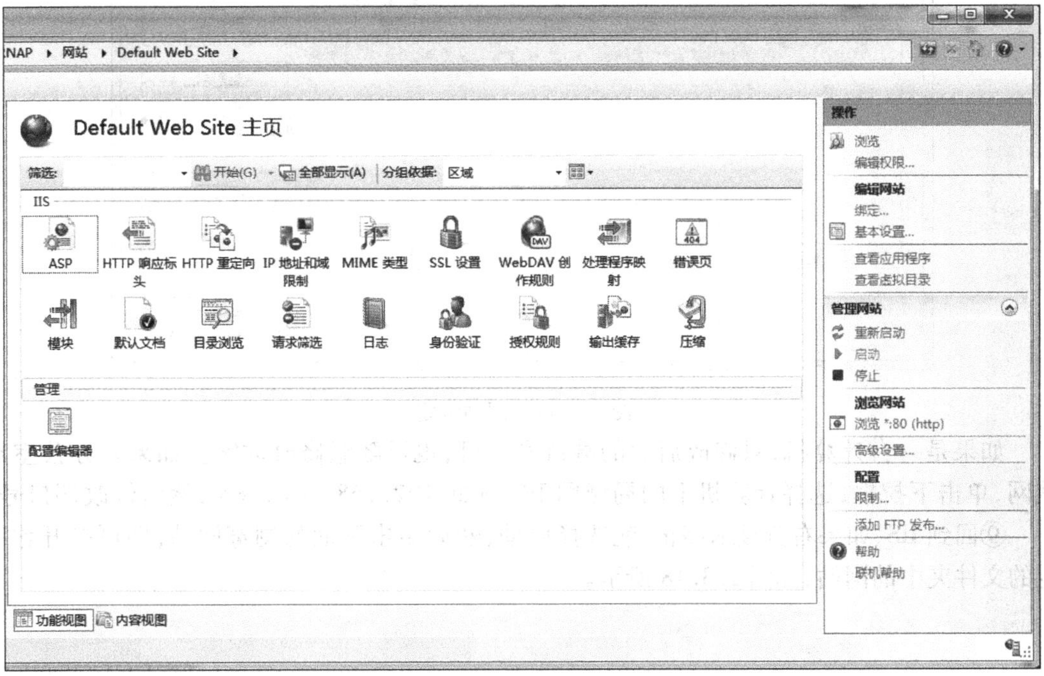

图 2.3.15　配置站点设置

选择网站目录,如图 2.3.16 所示。

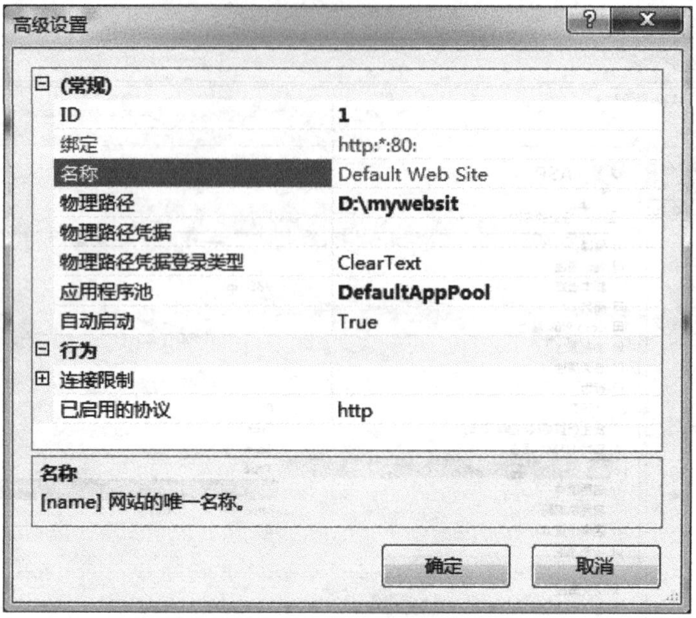
高级设置
(常规)
ID 1
绑定 http:*:80:
名称 Default Web Site
物理路径 D:\mywebsit
物理路径凭据
物理路径凭据登录类型 ClearText
应用程序池 DefaultAppPool
自动启动 True
行为
连接限制
已启用的协议 http
名称
[name] 网站的唯一名称。
确定
取消

图 2.3.16 网站位置设置页面

⑧回到 IIS,单击右侧的“绑定…”按钮,选中要绑定的网站,单击“编辑”按钮即可,如图 2.3.17所示。

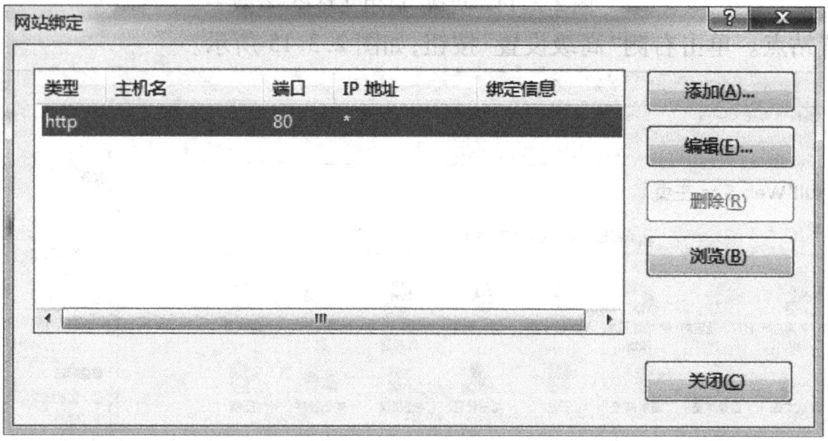
网站绑定
类型 主机名 端口 IP 地址 绑定信息
http 80 *
添加(A)...
编辑(E)...
删除(R)
浏览(B)
关闭(C)

图 2.3.17 网站绑定

如果是一台计算机,只修改后面的端口号即可,也可随意修改数字。如果是办公室局域网,单击下拉框,选择计算机上的局域网 IP,例如,192.168. **. **,然后修改端口号。

⑨回到 IIS,如果右侧显示停止,就选择启动,然后单击下面的浏览网站,即可打开你绑定的文件夹中的网站,如图 2.3.18 所示。

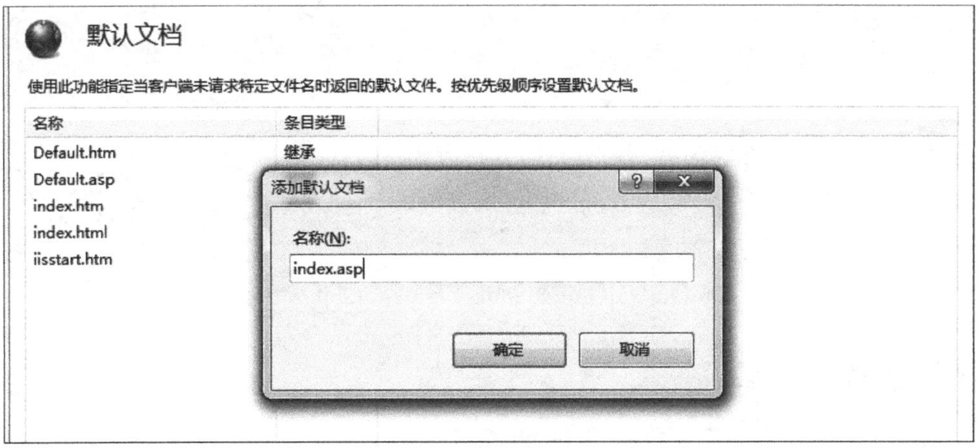
默认文档
使用此功能指定当客户端未请求特定文件名时返回的默认文件。按优先级顺序设置默认文档。
名称
条目类型
Default.htm
继承
Default.asp
index.htm
index.html
iisstart.htm
添加默认文档
名称(N):
index.asp
确定
取消

图 2.3.18　默认文档设置页面

任务拓展

建立 3 个网站页面。

任务评价

评价内容	评　价			
	个人评价	小组评价	教师评价	任务得分
学习任务完成情况及进度				
主动与同组其他成员积极沟通并协助其他成员共同完成学习任务				
任务完成是按老师所提供的方法还是其他方法				
能否独立完成该任务	□独立完成 □与同学合作完成 □在老师的指导下完成			

项目 3　在线购物商城首页

项目背景

作为在线购物商城，首页能完成商城展示功能，包含了较多的展示栏目与图片，且布局较为复杂，需要清楚地规划表格布局，同时为了上传快，也是为了浏览快，可通过使用切片工具设计和优化单个网页图形来实现整个页面布局。

学习目标

掌握网页的表格布局及通过 Photoshop 的设计和优化转换成网页。

项目分解

任务 1　使用表格布局制作网页

任务 2　将图片切片转换成网页

任务 1　使用表格布局制作网页

任务要求

➢ 通过表格布局完成如图 3.1.1 所示的网页制作。

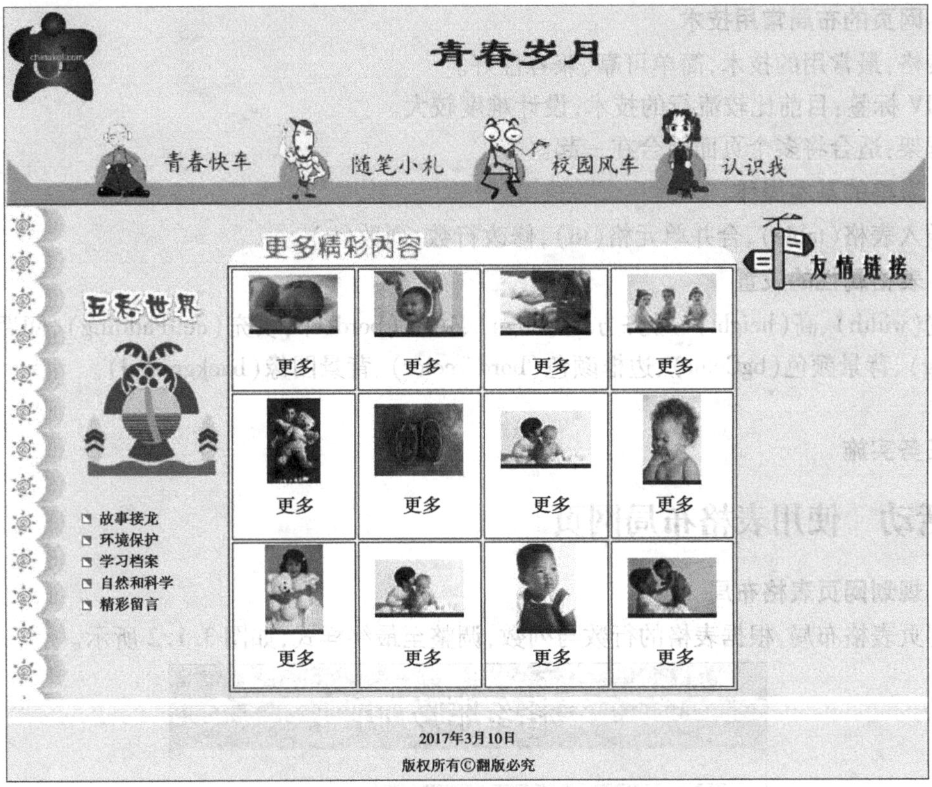
青春岁月
青春快车
随笔小札
校园风车
认识我
更多精彩内容
友情链接
五彩世界
故事接龙
环境保护
学习档案
自然和科学
精彩留言
更多
2017年3月10日
版权所有©翻版必究

图3.1.1　使用表格布局网页效果

知识点与技能

- 能根据网页设计内容，正确布局表格的结构，掌握表格嵌套的设计方法。
- 掌握网页中表格的制作方法、表格属性的设置方法以及单元格的修饰与编辑方法，能够在单元格中正确插入文字和图片。

任务准备

- 小组协作，按4人一组组成学习小组，根据学习情况、性格选出小组长，由小组长带领小组协作完成。
- 讲解演示，教师讲解完成本任务需要掌握的知识技能，进一步说明完成学习的基本要求和任务的具体实施。

知识链接

1. 网页的版面布局

主要是指网站主页的版面布局，其他网页的版面与主页风格基本一致。为了达到最佳的视觉表现效果，应讲究整体布局的合理性，使浏览者有一个流畅的视觉体验。常见的版面布局有“国”字型、“厂”字型、“框架”型、“封面”型和Flash型。

2. 网页的布局常用技术

表格:最常用的技术,简单可靠、兼容性好。

DIV 标签:目前比较流行的技术,设计难度较大。

框架:适合将多个页面组合在一起。

3. 表格的基本操作

插入表格(table),合并单元格(td),修改行数、列数(tr)。

4. 表格属性的设置

宽(width)、高(height)、对齐方式(align)、边框(border)、填充(cellPadding)、间距(cellSpacing)、背景颜色(bgColor)、边框颜色(bordercolor)、背景图像(background)。

任务实施

活动　使用表格布局网页

1. 规划网页表格布局

网页表格布局,根据表格的行数与列数,调整至最终样式,如图 3.1.2 所示。

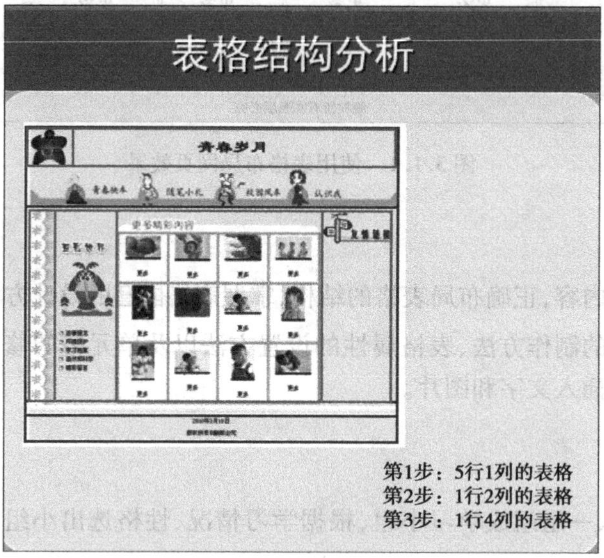
表格结构分析
青春岁月
第1步：5行1列的表格
第2步：1行2列的表格
第3步：1行4列的表格

图 3.1.2　网页表格布局

2. 完成表格布局

打开站点,新建网页,以“biaoge. htm”为文件名保存。按前面分析的要求插入一个表格。调整表格结构(主要是行列的插入、删除,单元格的合并、拆分、调整大小等)。

3. 表格属性及单元格属性的设置

表格属性的设置,如去除网格线、设置表格背景色等。设置单元格属性。

4. 在表格中插入图片、输入文字

预览制作的网页,修饰网页,让网页看起来更美观。

任务拓展

尝试通过图片切片完成网页的制作。

任务评价

评价内容	评价			
	个人评价	小组评价	教师评价	任务得分
学习任务完成情况及进度				
主动与同组其他成员积极沟通并协助其他成员共同完成学习任务				
任务完成是按老师所提供的方法还是其他方法				
能否独立完成该任务	□独立完成 □与同学合作完成 □在老师的指导下完成			

任务2 将图片切片转换成网页

任务要求

- 通过切片完成如图3.2.1所示的网页制作。

知识点与技能

- Photoshop切片工具的使用。
- 存储为Web和设备所用格式的使用。

任务准备

- 小组协作，按4人一组组成学习小组，根据学习情况、性格选出小组长，由小组长带领小组协作完成。
- 讲解演示，教师讲解完成本任务需要掌握的知识技能，进一步说明完成学习的基本要求和任务的具体实施。

知识链接

1. 切片的使用

切片工具是用来分解图片的，用这个工具可以把图片切成若干小图片，从而便于网页的优化和下载。“切片选择工具”是在使用“切片工具”创建切片后，用来更精确地调整和划分切片用的，可选择某个部分的切片，利用控制句柄来调整它的大小；也可利用选项栏中的“划

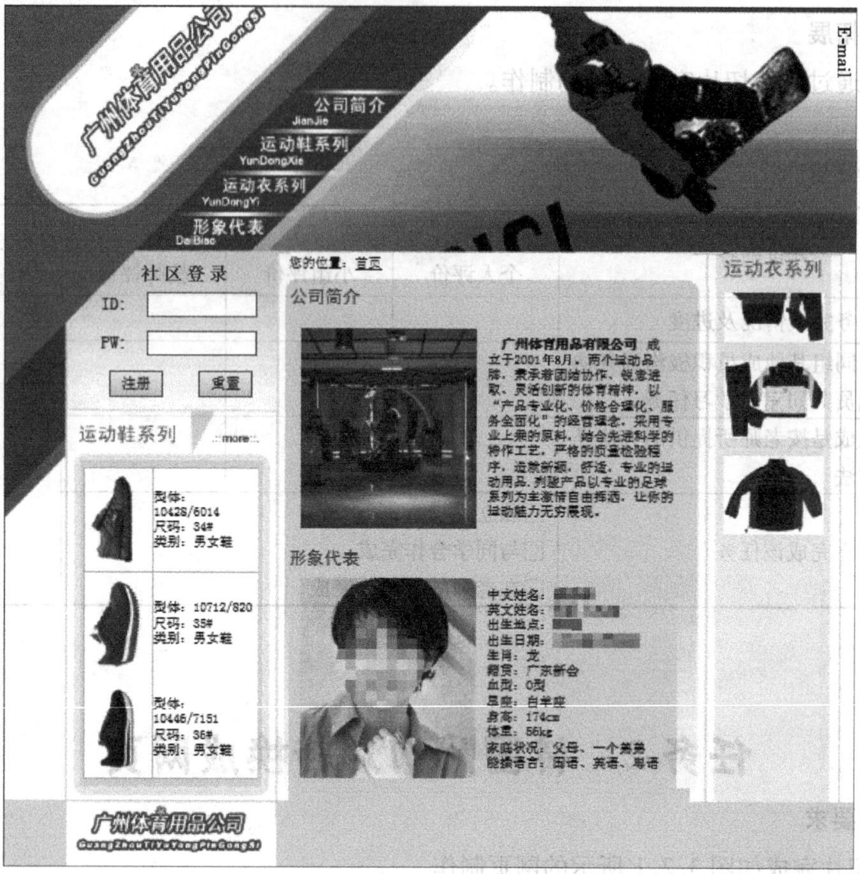
广州体育用品公司
公司简介
JianJie
运动鞋系列
YunDongXie
运动衣系列
YunDongYi
形象代表
DaiBiao
E-mail
社区登录
ID:
PW:
注册
重置
运动鞋系列
::more::
您的位置：首页
公司简介
形象代表
运动衣系列
广州体育用品公司

图 3.2.1　通过切片制作的首页效果

分”按钮从一个切片中划分出多个切片；还可利用键盘中的“K”键来直接选择“切片工具”或“切片选择工具”。

①选择切片。通过使用切片选择工具对图片进行单击选择，按住“Shift”键可选择多个切片。

②调整切片大小。对切片大小的调整方法有两种：一种是通过切片的控制点进行自由调整；另一种是通过双击切片，在选项对话框中进行调整。

③删除切片。选择“视图”→“清除切片”进行删除。如想删除某一个切片，可单击鼠标右键选择“删除”。

④锁定切片。选择“视图”→“锁定切片”。

2. 切片命名

切片单独输出，可按其用途重新命名，如背景可以为 MAIN_BG. GIF，网站标识为 LOGO. GIF等，切忌用中文命名，那样在制作的时候插入图片的图片名可能就是一大串乱码。

3. 切片保存

首页和内容页的切片可以放在同一个站点下的 IMAGE 文件夹中，但是如果素材图片较多时，最好另起一个文件夹单独保存，以便制作和修改时方便。

4. 注意

①切片最重要的是区分出网页中哪些是图像区域，哪些是文本区域，并创建图文并茂的网站界面。

②切片前，先要仔细对设计进行分析，考虑要因设计制宜。

③切片时，可不断放大缩小设计观察精准度，可根据辅助线进行切片。

④切片后，要审核导出的切片是否符合要求，比如大小、颜色、图片质量、透明背景与否等，如果不合适，要重新对切片进行优化输出或直接重新切片。

任务实施

活动　熟悉切片工具的使用

①使用 Photoshop 绘制首页效果图片，如图 3.2.2 所示。

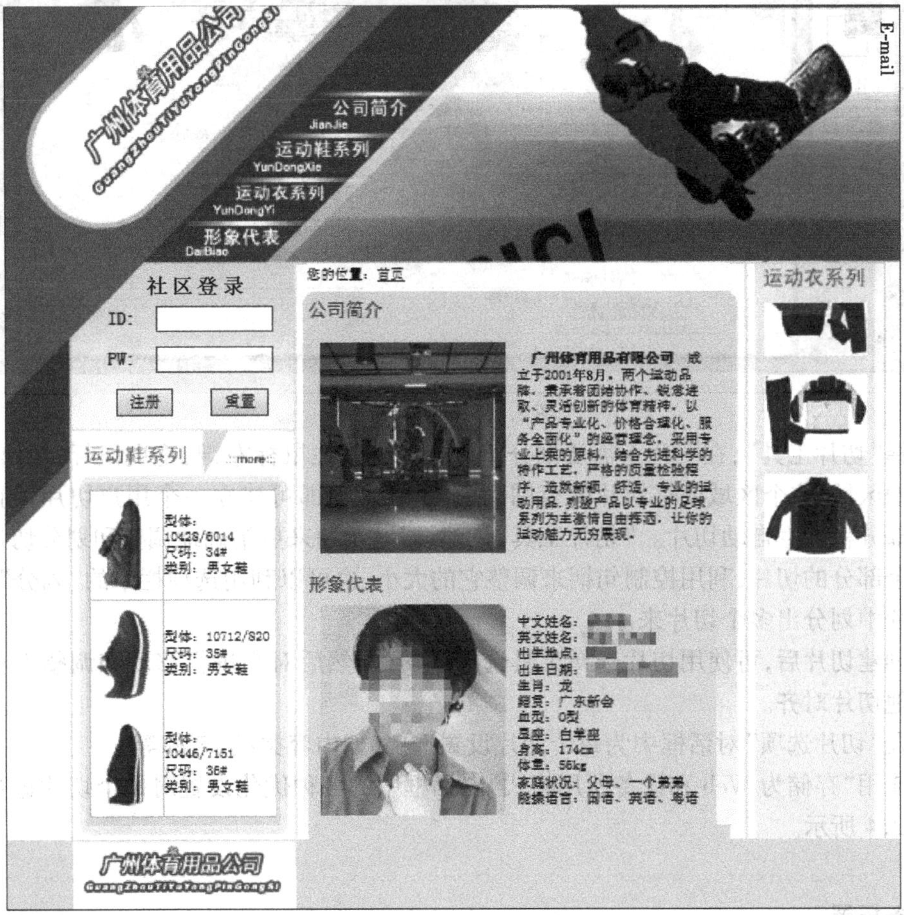
广州体育用品公司
GuangZhouTiYuYongPinGongSi
E-mail
公司简介
JianJie
运动鞋系列
YunDongXie
运动衣系列
YunDongYi
形象代表
DaiBiao
社区登录
ID:
PW:
注册
重置
运动鞋系列
:::more:::
型体：10428/6014
尺码：34#
类别：男女鞋
型体：10712/820
尺码：35#
类别：男女鞋
型体：10446/7151
尺码：36#
类别：男女鞋
您的位置：首页
公司简介
广州体育用品有限公司 成立于2001年8月。两个运动品牌，秉承着团结协作、锐意进取、灵活创新的体育精神，以"产品专业化、价格合理化、服务全面化"的经营理念，采用专业上乘的原料，结合先进科学的制作工艺，严格的质量检验程序，造就新颖，舒适，专业的运动用品，烈骏产品以专业的足球系列为主激情自由挥洒，让你的运动魅力无穷展现。
形象代表
中文姓名：
英文姓名：
出生地点：
出生日期：
生肖：龙
籍贯：广东新会
血型：O型
星座：白羊座
身高：174cm
体重：56kg
家庭状况：父母、一个弟弟
能操语言：国语、英语、粤语
运动衣系列
广州体育用品公司
GuangZhouTiYuYongPinGongSi

图 3.2.2　首页效果图片

②将首页效果图使用 Photoshop 切片工具创建切片，如图 3.2.3 所示。

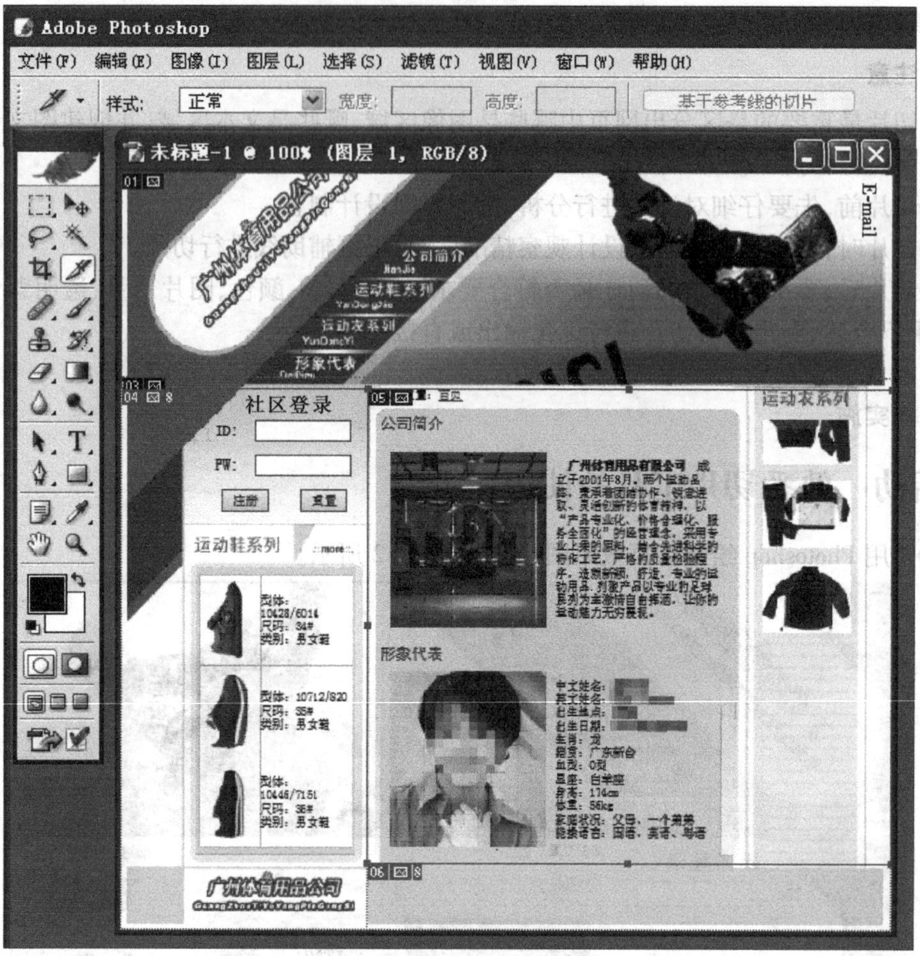
Adobe Photoshop
文件(F) 编辑(E) 图像(I) 图层(L) 选择(S) 滤镜(T) 视图(V) 窗口(W) 帮助(H)
样式:
正常
宽度:
高度:
基于参考线的切片
未标题-1 @ 100% (图层 1, RGB/8)
公司简介
运动鞋系列
运动衣系列
形象代表
E-mail
社区登录
ID:
PW:
注册
重置
运动鞋系列
公司简介
形象代表
运动衣系列
广州体育用品公司

图3.2.3 创建切片

选择“切片工具”，在图片上需要划分切片的区域按住鼠标左键，拖曳鼠标，会出现一个四方形的区域，这个区域就是切片的范围，放开鼠标左键即可建立一个用户切片，用户切片以外的部分将产生自动切片。“切片工具”创建切片后，用来更精确地调整和划分切片，可以选择某个部分的切片，利用控制句柄来调整它的大小，也可以利用选项栏中的“划分”按钮从一个切片中划分出多个切片来。

③创建切片后，可使用切片选择工具选择该切片，然后对它进行移动和调整大小，或将它与其他切片对齐。

④在“切片选项”对话框中为每个切片设置选项，如内容类型、名称等。

⑤使用“存储为 Web 和设备所用格式”对话框中的各种优化设置对每个切片进行优化，如图 3.2.4 所示。

任务拓展

了解 DIV + CSS 布局及网页的制作。

Save For Web - Powered By ImageReady
原稿
优化
双联
四联
存储
取消
完成
设置:
[未命名]
GIF
Lossy:
Colors:
256
Dither:
100%
Transparency
Matte:
Interlace
Web
0%
颜色表
图像大小
社区登录
公司简介
形象代表
运动鞋系列
运动衣系列
GIF
42.45K
16 秒 @ 28.8 Kbps
100% 仿色
可选 调板
256 颜色
100%
Edit in ImageReady

图3.2.4 优化切片

任务评价

<table>
<tr><td rowspan="2">评价内容</td><td colspan="4">评 价</td></tr>
<tr><td>个人评价</td><td>小组评价</td><td>教师评价</td><td>任务得分</td></tr>
<tr><td>学习任务完成情况及进度</td><td></td><td></td><td></td><td rowspan="4"></td></tr>
<tr><td>主动与同组其他成员积极沟通并协助其他成员共同完成学习任务</td><td></td><td></td><td></td></tr>
<tr><td>任务完成是按老师所提供的方法还是其他方法</td><td></td><td></td><td></td></tr>
<tr><td>能否独立完成该任务</td><td colspan="3">□独立完成
□与同学合作完成
□在老师的指导下完成</td></tr>
</table>

项目4　在线购物商城用户管理功能

项目背景

网站的用户管理功能是让用户完成登录或注册。当输入用户名和密码后，单击“提交”按钮，即转到检查页面(checkuser. php)进行判断是否成功登录。当单击“注册”文字链接时，将会打开网站的会员注册页面(agreereg. php)进行注册。单击“找回密码”会弹出找回密码的 Windows 对话窗口。

学习目标

1. 了解数据库管理工具 phpMyAdmin 的使用，掌握创建数据库和数据库的连接方法。
2. 掌握 PHP 的一些基本语法、函数的使用。
3. 掌握 PHP 中将信息写入数据库、查询数据等语法。
4. 了解一些 JavaScript 的语法和函数。

项目分解

任务 1　创建用户数据库
任务 2　会员登录功能
任务 3　会员注册功能

任务1　创建用户数据库

任务要求

➤ 通过对用户管理系统的功能分析,该数据库应包括注册的用户名、注册密码以及一些个人信息,如性别、年龄、E-mail、电话等。

知识点与技能

➤ 了解数据库管理工具 phpMyAdmin 的使用。

➤ 掌握创建数据库的方法。

➤ 掌握数据表的操作。

➤ 掌握数据库的连接方法。

任务准备

➤ 小组协作,按 4 人一组组成学习小组,根据学习情况、性格选出小组长,由小组长带领小组协作完成。

➤ 讲解演示,教师讲解完成本任务需要掌握的知识技能,进一步说明完成学习的基本要求和任务的具体实施。

知识链接

1. phpMyAdmin 简介

phpMyAdmin 是一个以 PHP 为基础,以 Web-Base 方式架构在网站主机上的 MySQL 的数据库管理工具,让管理者可用 Web 接口管理 MySQL 数据库。借由此 Web 接口可以成为一个简易方式输入繁杂 SQL 语法的较佳途径,尤其要处理大量资料时汇入及汇出更为方便。其中一个更大的优势在于 phpMyaAdmin 跟其他 PHP 程序一样在网页服务器上执行,但是你可以在任何地方使用这些程序生成 HTML 页面,也就是远端管理 MySQL 数据库,方便建立、修改、删除数据库及资料表。也可借由 phpMyAdmin 建立常用的 PHP 语法,确保编写网页时所需的 SQL 语法的正确性。

2. 数据库表的定义

通过对电子商城各方面的分析,可以知道电子商城中的实体包括客户、商品、仓库、订单等。各实体包含的数据项部分举例如下:

①客户:注册号,密码,地址,注册日期,邮编,电话,性别,姓名。

②商品:商品编号,商品名称,商品生产日期,商品保质期,商品单价。

③商品类别:商品类别编号,商品类别名。

根据对客户实体的分析,将建立如下结构的客户表,见表 4.1.1。

表 4.1.1　数据库结构表

属性名	数据类型	是否为空	含　义	是否为主键
userid	var char(9)	not null	注册号	primary key
name	var char(8)	not null	姓名	
password	var char(16)	not null	密码	
address	var char(40)	not null	地址	
timestamp	current timestamp	not null	注册时间	
email	var char(20)	not null	邮编	
tel	var char(11)	not null	电话	
sex	var char(2)	not null	性别	
level	var char(9)	not null	客户等级	
sco	int(10)	not null	客户积分	

任务实施

活动　使用 phpMyAdmin 创建数据库

1. 在 phpMyAdmin 中创建数据库 shop

在 phpMyAdmin 中创建名为 shop 的数据库，如图 4.1.1 所示。

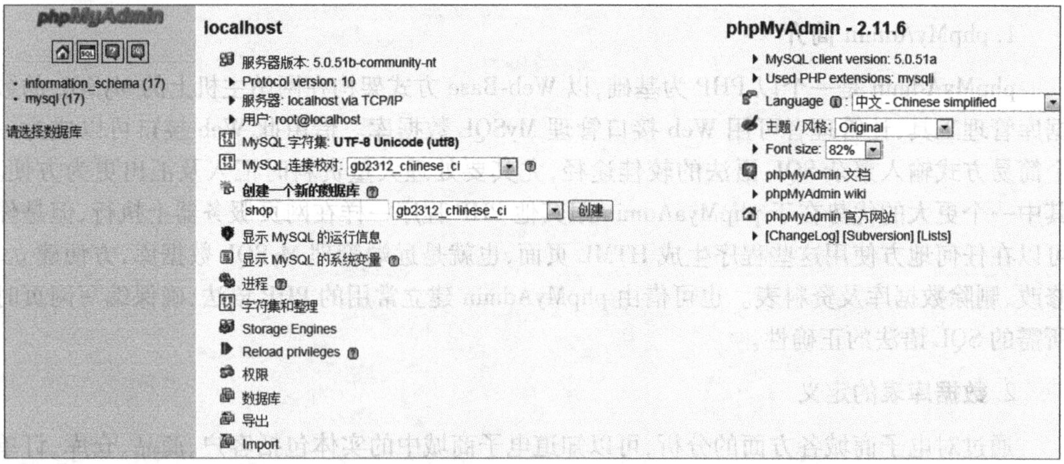
phpMyAdmin
information_schema (17)
mysql (17)
请选择数据库
localhost
服务器版本: 5.0.51b-community-nt
Protocol version: 10
服务器: localhost via TCP/IP
用户: root@localhost
MySQL 字符集: UTF-8 Unicode (utf8)
MySQL 连接校对: gb2312_chinese_ci
创建一个新的数据库
shop
gb2312_chinese_ci
创建
显示 MySQL 的运行信息
显示 MySQL 的系统变量
进程
字符集和整理
Storage Engines
Reload privileges
权限
数据库
导出
Import
phpMyAdmin - 2.11.6
MySQL client version: 5.0.51a
Used PHP extensions: mysqli
Language
中文 - Chinese simplified
主题 / 风格:
Original
Font size:
82%
phpMyAdmin 文档
phpMyAdmin wiki
phpMyAdmin 官方网站
[ChangeLog] [Subversion] [Lists]

图 4.1.1　创建数据库

2. 数据表的操作

①在 phpMyAdmin 中创建如图 4.1.2 所示的结构数据表 user。

②在 phpMySQL 中向表 user 输入数据，完成效果如图 4.1.3 所示。

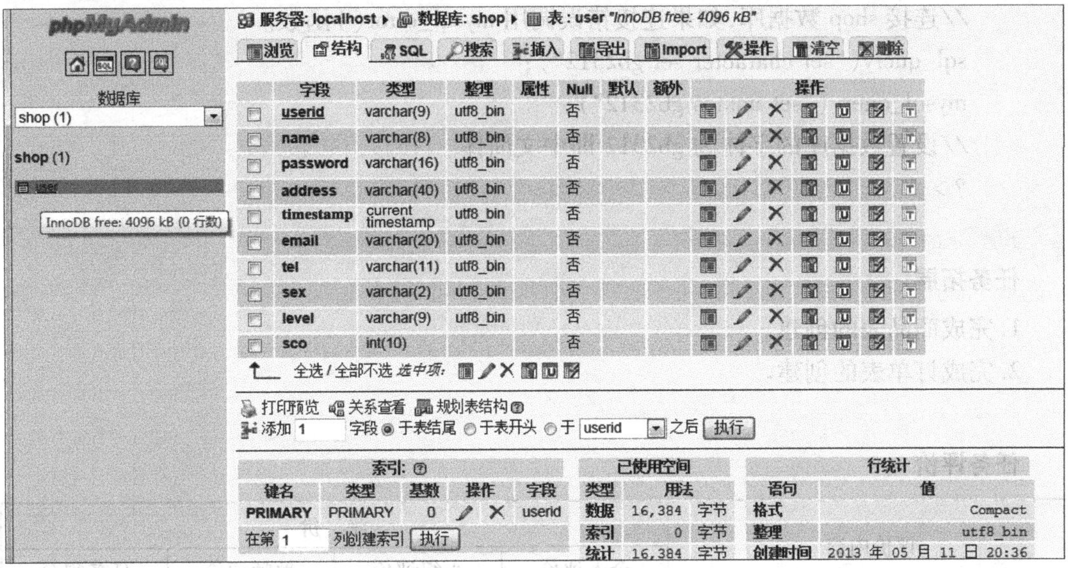
phpMyAdmin
服务器: localhost ▸ 数据库: shop ▸ 表: user "InnoDB free: 4096 kB"
浏览 结构 SQL 搜索 插入 导出 Import 操作 清空 删除
字段 类型 整理 属性 Null 默认 额外 操作
userid varchar(9) utf8_bin 否
name varchar(8) utf8_bin 否
password varchar(16) utf8_bin 否
address varchar(40) utf8_bin 否
timestamp current timestamp utf8_bin 否
email varchar(20) utf8_bin 否
tel varchar(11) utf8_bin 否
sex varchar(2) utf8_bin 否
level varchar(9) utf8_bin 否
sco int(10) 否
全选 / 全部不选 选中项:
打印预览 关系查看 规划表结构
添加 1 字段 于表结尾 于表开头 于 userid 之后 执行
索引:
键名 类型 基数 操作 字段
PRIMARY PRIMARY 0 userid
在第 1 列创建索引 执行
已使用空间
类型 用法
数据 16,384 字节
索引 0 字节
统计 16,384 字节
行统计
语句 值
格式 Compact
整理 utf8_bin
创建时间 2013 年 05 月 11 日 20:36
数据库
shop (1)
InnoDB free: 4096 kB (0 行数)

图 4.1.2 创建数据表 user

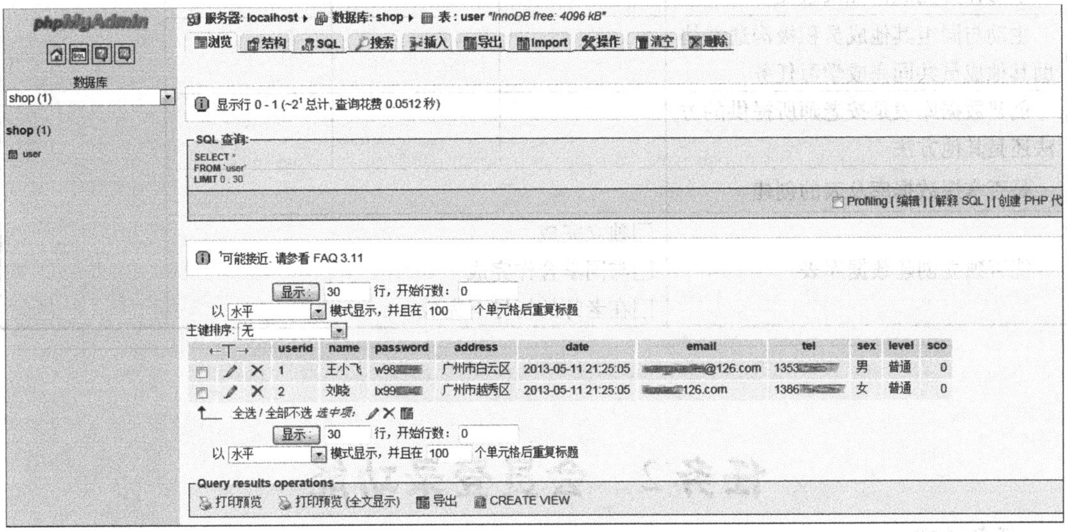
phpMyAdmin
服务器: localhost ▸ 数据库: shop ▸ 表: user "InnoDB free: 4096 kB"
浏览 结构 SQL 搜索 插入 导出 Import 操作 清空 删除
显示行 0 - 1 (~2¹ 总计, 查询花费 0.0512 秒)
SQL 查询:
SELECT *
FROM `user`
LIMIT 0 , 30
显示: 30 行, 开始行数: 0
以 水平 模式显示, 并且在 100 个单元格后重复标题
主键排序: 无
userid name password address date email tel sex level sco
1 王小飞 广州市白云区 2013-05-11 21:25:05 @126.com 男 普通 0
2 刘晓 广州市越秀区 2013-05-11 21:25:05 126.com 女 普通 0
全选 / 全部不选 选中项:
Query results operations
打印预览 打印预览 (全文显示) 导出 CREATE VIEW

图 4.1.3 向表 user 输入数据

3. 数据库连接

数据库设计之后,需要将数据库连接到网页上,这样网页才能调用数据库和储存相应的信息。用 PHP 开发的网站,一般将数据库连接的程序代码文件命名为 conn. php。在站点文件夹创建 conn. php 空白页面,输入以下数据库连接代码:

<? php

$conn = mysql_connect("localhost","root","admin") or die["数据库服务器连接错误". mysql_error()];//设置数据库连接,本地服务器,用户名为 root,密码为 admin,如果连接错误调用 mysql_error()函数。

mysql_select_db("shop", $conn) or die["数据库访问错误". mysql_error()];

```
//连接 shop 数据库,如果连接错误调用 mysql_error()函数。
sql_query("set character set gb2312");
mysql_query("set names gb2312");
//设置数据库的字体为 gb2312 即中文简体。
?>
```

任务拓展

1. 完成商品表的创建。
2. 完成订单表的创建。

任务评价

评价内容	评　价			
	个人评价	小组评价	教师评价	任务得分
学习任务完成情况及进度				
主动与同组其他成员积极沟通并协助其他成员共同完成学习任务				
创建数据库表是按老师所提供的方法还是其他方法				
是否掌握数据库及表的创建				
能否独立创建数据库表	□独立完成 □与同学合作完成 □在老师的指导下完成			

任务 2　会员登录功能

任务要求

➢ 会员在首页输入用户名和密码后,单击“提交”按钮,只有用户名、密码、验证码全部正确才可以成功登录,如果发生错误则显示相关的错误信息。

知识点与技能

➢ 掌握 PHP 的一些基本语法、函数的使用。

➢ 掌握 PHP 中 if 语句的用法。

➢ 掌握 PHP 中函数 echo( )的用法。

任务准备

- 小组协作,按4人一组组成学习小组,根据学习情况、性格选出小组长,由小组长带领小组协作完成。
- 讲解演示,教师讲解完成本任务需要掌握的知识技能,进一步说明完成学习的基本要求和任务的具体实施。

知识链接

1. PHP 中 if 语句的用法

用 PHP 的 if 语句进行条件判断,if 语句是许多高级语言中重要的控制语句,使用 if 语句可按照条件判断来执行语句,增强了程序的可控制性。语法如下:

```
if(expr)
    statement1
else
    statement2
```

首先,对 expr 求值,如果 expr 的值为 True,则执行 statement1;如果值为 False,则执行 statement2。例如,以下代码在 $a 大于 $b 时,显示 a 大于 b;反之,则显示 a 小于或等于 b。

```
<? php
  if($a > $b)
    echo"a 大于 b";
  else
    echo"a 小于或等于 b";
?>
```

2. PHP 中函数 echo( )的用法

PHP 函数 echo( )输出一个或多个字符串。

语法:echo(strings)

参数描述:strings 是必需的,指一个或多个要发送到输出的字符串。

例如,PHP 函数 echo( )输出变量,常量

```
<? php
$a = "123456";
echo  $a;//输出"123456"
echo"br > ";
echo" $a";//输出"123456"
$b = 10;
echo  $b + 10;//输出"20"
echo"br > ";
echo" $b + 10";
echo"br > ";
```

```
echo"结果是:"." $b";//这两种写法的效果是一样的
echo"br >";
echo"结果是: $b";//这两种写法的效果是一样的
?>
```

任务实施

活动　创建 PHP 页面

创建一个空白的 PHP 页面,并命名为 checkuser. php,在该页面中加入以下代码:

```
<? php
include("conn/conn. php");//调用数据库链接
$name =$_POST[name];
$password = md5($_POST[password]);
$yz =$_POST[yz];
$num =$_POST[num];
if(strval($yz) ! = strval($num)){
echo"<script >alert('验证码输入错误!');history. go( -1); </script >";
exit;
}//如果验证码错误,则提示"验证码输入错误!",并返回登录页面
class chkinput{
   var $name;
   var $pwd;

   function chkinput($x, $y){
       $this -> name =$x;
       $this -> pwd =$y;
       }

   function checkinput(){
       include("conn/conn. php");
       $sql = mysql_query("select * from user where name ='". $this -> name."'",
$conn);
       $info = mysql_fetch_array($sql);
       if($info == false){
         echo"<script language ='javascript' >alert('不存在此用户!');history. back();
</script >";
         exit;}
       //如果数据库里不存在该用户名,则显示"不存在此用户!",并返回
```

```
            else{
            if($info[dongjie] ==1){
              echo"<script language='javascript'>alert('该用户已经被冻结！');history.back();</script>";
              exit;
            }
        //如果用户已经在后台被冻结,则显示"该用户已经被冻结!",并返回
            if($info[pwd] ==$this->pwd)
            {
            session_start();
             $_SESSION[name] =$info[name];
            session_register("producelist");
             $producelist ="";
            session_register("quatity");
               $quatity ="";
                 header("location:index.php");
                 exit;
            }
          else {
            echo"<script language='javascript'>alert('密码输入错误！');history.back();</script>";
            exit;
          }
      //如果用户密码错误,则显示"密码输入错误!",并返回
      }
    }
  }
    $obj =new chkinput(trim($name),trim($password));
    $obj->checkinput();
    ?>
```

该段程序,首先判断验证码、用户名以及密码是否正确,如果不正确,则显示相应的错误信息;如果全部正确,则登录成功并返回登录的首页。

任务拓展

完成管理员登录页面功能。

任务评价

评价内容	评价			
	个人评价	小组评价	教师评价	任务得分
学习任务完成情况及进度				
主动与同组其他成员积极沟通并协助其他成员共同完成学习任务				
是否能完成会员登录功能				
是否掌握如何使用 if 语句判断用户信息				
能否独立编写会员登录程序	□独立完成 □与同学合作完成 □在老师的指导下完成			

任务 3　会员注册功能

任务要求

- 用户登录功能是为数据库中已有的老用户登录用的,用户管理系统还应提供新用户注册用的页面。
- 对于新用户来说,通过单击 index. php 页面上的“注册”超链接可进入新会员注册页面,实现新用户注册功能。
- 能够实现需要同意协议,判断用户是否已经存在,写入数据库等功能。

知识点与技能

- 掌握 PHP 中将信息写入数据库的语法。
- 掌握 PHP 中查询数据的语法。

任务准备

- 小组协作,按 4 人一组组成学习小组,根据学习情况、性格选出小组长,由小组长带领小组协作完成。
- 讲解演示,教师讲解完成本任务需要掌握的知识技能,进一步说明完成学习的基本要求和任务的具体实施。

知识链接

PHP 中将信息写入数据库的语法:

INSERT INTO 语句用于向数据表中插入新的记录。

其语法格式为:INSERT INTO 表名称 VALUES(值1,值2,…)

可以指定所要插入数据的列:

INSERT INTO table_name(列1,列2,…)VALUES(值1,值2,…)

功能:把数据插入一个存在的表中,数据必须对应表中字段。

例如,“Persons”表的结构如下:

LastName	FirstName	Address	City
Carter	Thomas	Changan Street	Beijing

在表中插入新的行:

INSERT INTO Persons VALUES('Gates','Bill','Xuanwumen 10','Beijing')

也可指定所要插入数据的列:

INSERT INTO Persons(LastName, Address)VALUES('Wilson','Champs-Elysees')

任务实施

活动1　创建数据库表

tb_user 是用来保存网站会员注册用的数据表,根据对客户实体的分析,将建立如下结构的会员注册表,见表4.3.1。

表4.3.1　建立会员注册表

属性名	数据类型	是否为空	含　义	是否为主键
id	int	not null	注册号	primary key
name	char(25)	not null	姓名	
pwd	char(50)	not null	密码	
email	char(25)	null	email 地址	
sfzh	char(25)	null	身份证号	
tel	char(25)	null	联系电话	
dizhi	char(100)	null	家庭地址	
qq	char(25)	null	QQ 号码	
tishi	char(50)	null	密码提示	
huida	char(50)	null	提示答案	
youbian	char(25)	null	邮编	
truename	char(25)	null	真实姓名	
pwd1	char(50)	null	确认密码	

数据库表的创建参照项目4中的任务1,在此不再赘述。

活动 2　制作注册用户信息填写页面

通过所学知识利用表格布局如图 4.3.1 所示的网页，并完成网页内容的添加。

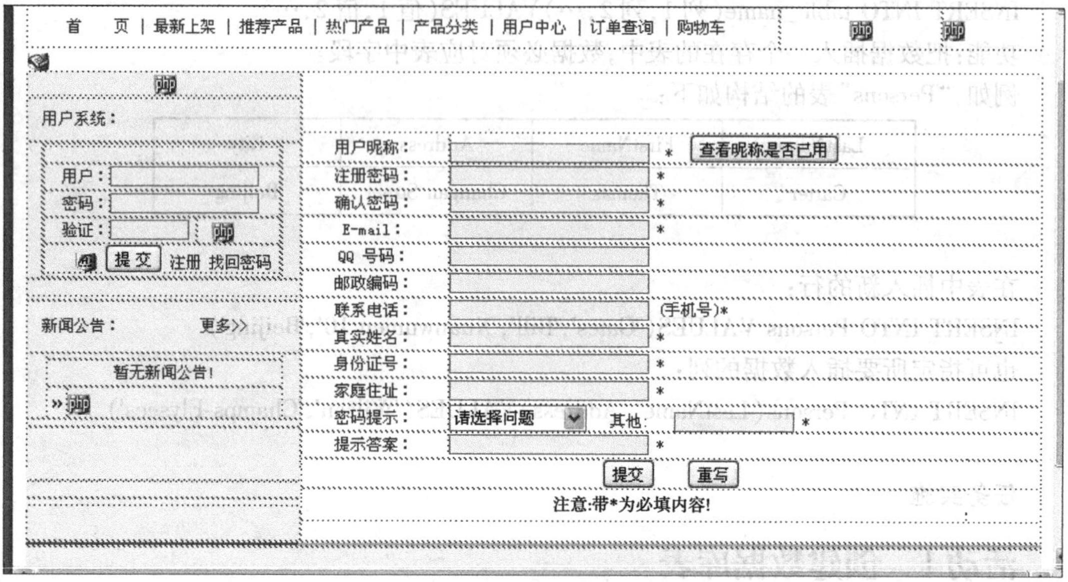

首　页 | 最新上架 | 推荐产品 | 热门产品 | 产品分类 | 用户中心 | 订单查询 | 购物车
用户系统：
用户：
密码：
验证：
提交
注册 找回密码
新闻公告：
更多>>
暂无新闻公告！
用户昵称：
查看昵称是否已用
注册密码：
确认密码：
E-mail：
QQ 号码：
邮政编码：
联系电话：
(手机号)*
真实姓名：
身份证号：
家庭住址：
密码提示：
请选择问题
其他：
提示答案：
提交
重写
注意:带*为必填内容!

图 4.3.1　用户填写注册信息的页面

注册页面的部分代码如下：

```
…
<form name = "form1" method = "post" action = "savereg. php" onSubmit = "return chkinput(this)" >
<tr > <td width = "100" height = "20" bgcolor = "#FFFFFF" > <div align = "center" >   用户昵称: </div > </td >
<td width = "397" bgcolor = "#FFFFFF" > <div align = "left" >
<input type = "text" name = "usernc" size = "25" class = "inputcss" style = "background-color:#e8f4ff"
onMouseOver = "this. style. backgroundColor = '#ffffff'"
onMouseOut = "this. style. backgroundColor = '#e8f4ff'" >
<span style = "color: #FF0000" >  * </span > 
<input name = "button2" type = "button" class = "buttoncss" onclick = "chknc(form1. usernc. value)" value = "查看昵称是否已用" >
</div > </td > </tr >
<tr > <td height = "20" bgcolor = "#FFFFFF" > <div align = "center" >注册密码:
</div > </td >
<td height = "20" bgcolor = "#FFFFFF" > <div align = "left" >
<input type = "password" name = "p1" size = "25"class = "inputcss" style = "background-color:#e8f4ff"
```

```
        onMouseOver = "this. style. backgroundColor = '#ffffff'"
        onMouseOut = "this. style. backgroundColor = '#e8f4ff'" >
         < span style = "color: #FF0000" > * </span > </div > </td > </tr >
         < tr >  < td height = "20" bgcolor = "#FFFFFF" > < div align = "center" > 确认密码:
</div > </td >
         < td height = "20" bgcolor = "#FFFFFF" > < div align = "left" >
         < input type = "password" name = "p2" size = "25" class = "inputcss" style = "back-
ground-color:#e8f4ff"
        onMouseOver = "this. style. backgroundColor = '#ffffff'"
        onMouseOut = "this. style. backgroundColor = '#e8f4ff'" >
         < span style = "color: #FF0000" > * </span > </div > </td > </tr >
         < tr > < td height = "20" bgcolor = "#FFFFFF" > < div align = "center" > E-mail:
</div > </td >
         < td height = "20"bgcolor = "#FFFFFF" > < div align = "left" >
         < input type = "text"name = "email"size = "25"class = "inputcss"style = "background-
color:#e8f4ff"
        onMouseOver = "this. style. backgroundColor = '#ffffff'"
        onMouseOut = "this. style. backgroundColor = '#e8f4ff'" >
         < span style = "color: #FF0000" > * </span > </div > </td > </tr >
         < tr > < td height = "20"bgcolor = "#FFFFFF" > < div align = "center" > QQ 号
码: </div > </td >
         < td height = "20"bgcolor = "#FFFFFF" > < div align = "left" >
         < input type = "text" name = "qq" size = "25" class = "inputcss" style = "background-
color:#e8f4ff"
        onMouseOver = "this. style. backgroundColor = '#ffffff'"
        onMouseOut = "this. style. backgroundColor = '#e8f4ff'" > </div > </td > </tr >
       < tr > < td height = "20" bgcolor = "#FFFFFF" > < div align = "center" > 邮政编码:
</div > </td >
       < td height = "20"bgcolor = "#FFFFFF" > < div align = "left" >
       < input type = "text" name = "yb" size = "25"class = "inputcss" style = "background-color:
#e8f4ff"
      onMouseOver = "this. style. backgroundColor = '#ffffff'"
      onMouseOut = "this. style. backgroundColor = '#e8f4ff'" > </div > </td > </tr >
       < tr >  < td height = "20"bgcolor = "#FFFFFF" > < div align = "center" > 联系电话:
</div > </td >
    < td height = "20"bgcolor = "#FFFFFF" > < div align = "left" >
    < input type = "text" name = "tel" size = "25" class = "inputcss" style = "background-color:
#e8f4ff"
   onMouseOver = "this. style. backgroundColor = '#ffffff'"
```

```
onMouseOut = "this. style. backgroundColor = '#e8f4ff'" >
<span style = "color: #FF0000" >(手机号) * </span> </div> </td> </tr>
<tr> <td height = "20" bgcolor = "#FFFFFF" > <div align = "center" >真实姓名:
</div> </td>
<td height = "20" bgcolor = "#FFFFFF" > <div align = "left" >
<input type = "text" name = "truename" size = "25" class = "inputcss" style = "background-
color:#e8f4ff"
onMouseOver = "this. style. backgroundColor = '#ffffff'"
onMouseOut = "this. style. backgroundColor = '#e8f4ff'" >
<span style = "color: #FF0000" > * </span> </div> </td> </tr>
<tr> <td height = "20" bgcolor = "#FFFFFF" > <div align = "center" >身份证号:
</div> </td>
<td height = "20" bgcolor = "#FFFFFF" > <div align = "left" >
<input type = "text" name = "sfzh" size = "25" class = "inputcss" style = "background-color:
#e8f4ff"
onMouseOver = "this. style. backgroundColor = '#ffffff'"
onMouseOut = "this. style. backgroundColor = '#e8f4ff'" >
<span style = "color: #FF0000" > * </span> </div> </td> </tr>
<tr> <td height = "20" bgcolor = "#FFFFFF" > <div align = "center" >家庭住址: </div>
</td>
<td height = "20" bgcolor = "#FFFFFF" > <div align = "left" >
<input type = "text" name = "dizhi" size = "25" class = "inputcss" style = "background-color:#
e8f4ff"
onMouseOver = "this. style. backgroundColor = '#ffffff'"
onMouseOut = "this. style. backgroundColor = '#e8f4ff'" >
<span style = "color: #FF0000" > * </span> </div> </td> </tr>
<tr> <td height = "20" bgcolor = "#FFFFFF" > <div align = "center" >密码提示:
</div> </td>
<td height = "20" bgcolor = "#FFFFFF" > <div align = "left" >
<select name = "ts1" class = "inputcss" >
<option selected value = 1 >请选择问题 </option>
<option value = "你的生日" >你的生日 </option>
<option value = "你的爱好" >你的爱好 </option>
<option value = "你母亲的名字" >你母亲的名字 </option>
<option value = "你父亲的名字" >你父亲的名字 </option>
<option value = "你最喜欢的花" >你最喜欢的花 </option> </select>
  其他:  
<input type = "text" name = "ts2" class = "inputcss" size = "15" style = "background-color:
#e8f4ff"
```

```
onMouseOver = "this. style. backgroundColor = '#ffffff'"
onMouseOut = "this. style. backgroundColor = '#e8f4ff'" >
 < span style = "color: #FF0000" > * </span > </div > </td > </tr >
    < tr > < td height = "20" bgcolor = "#FFFFFF" > < div align = "center" > 提示答案:
</div > </td >
    < td height = "20" bgcolor = "#FFFFFF" > < div align = "left" >
    < input type = "text" name = "tsda" size = "25" class = "inputcss" style = "background-color:
#e8f4ff"
onMouseOver = "this. style. backgroundColor = '#ffffff'"
onMouseOut = "this. style. backgroundColor = '#e8f4ff'" >
    < span style = "color: #FF0000" > * </span > </div > </td > </tr >
    < tr > < td height = "20" colspan = "2" bgcolor = "#FFFFFF" > < div align = "center" >
    < input name = "submit2" type = "submit" class = "buttoncss" value = "提交" >
 < input name = "reset" type = "reset" class = "buttoncss" value = "重写" >
    </div > </td > </tr > </form >
```

小贴士

在 Dreamweaver 中使用表单工具完成新用户注册信息内容填写页,在为表单中的对象命名时,由于表单对象中的内容将被添加到 user 表中,因此必须设置表单对象名称与数据库中的相应字段名相同。

活动3 将信息写入数据库

在验证表单没问题后,才能将表单的数据传递到 savereg. php 页面进行数据表的插入记录操作,实质上就是保存用户注册信息的操作。具体代码如下:

```
<? php
session_start();
include("conn/conn. php");
$name = $_POST[name];
$password = $_POST[password];
$address = $_POST[address];
$date = $_POST[date];
$sfzh = $_POST[sfzh];
$tel = $_POST[tel];
$qq = $_POST[qq];
$huida = $_POST[tsda];
$dizhi = $_POST[dizhi];
$youbian = $_POST[yb];
$regtime = date("Y-m-j");
$dongjie = 0;
```

```
 $sql = mysql_query("select * from user where name = '". $name. "'", $conn);
 $info = mysql_fetch_array($sql);
if($info == true)
{
  echo"<script>alert('该昵称已经存在!');history. back(); </script>";
exit;
}
else
{
mysql_query("insert into tb_user (name,pwd,dongjie,email,truename,sfzh,tel,qq,
tishi,huida,dizhi,youbian,regtime,pwd1) values ('$name','$pwd','$dongjie','$email','$tru-
ename','$sfzh','$tel','$qq','$tishi','$huida','$dizhi','$youbian','$regtime','$pwd1')",
$conn);
session_register("username");
 $username = $name;
      session_register("producelist");
 $producelist = "";
session_register("quatity");
 $quatity = "";
echo"<script>alert('恭喜,注册成功!');window. location = 'index. php'; </script>";
}
?>
```

任务拓展

完成管理员注册页面功能。

任务评价

评价内容	评 价			
	个人评价	小组评价	教师评价	任务得分
学习任务完成情况及进度				
主动与同组其他成员积极沟通并协助其他成员共同完成学习任务				
是否能完成会员注册功能				
是否掌握插入语句 insert into 的用法				
能否独立编写会员注册程序	□独立完成 □与同学合作完成 □在老师的指导下完成			

项目 5　在线购物商城商品管理功能

项目背景

作为在线购物商城，后台能完成以下功能：客户信息管理、商品信息管理、购物车管理、订单信息管理。后台能对商品各项信息进行添加、更新、删除等操作。客户登录本系统后，可以浏览本商城所展示的商品和查找自己所需要的商品，也可以购买自己所选中的商品。

学习目标

掌握图片文件的上传及数据库管理，掌握图片在网页上的显示方式，在线商城商品数据库的建立及商品后台管理系统的开发。

项目分解

任务 1　商品图片上传至临时文件夹
任务 2　商品图片上传至指定文件夹
任务 3　存储图片至数据库
任务 4　商品图片存放至数据库并在网页上显示
任务 5　实现在线商城商品管理后台添加功能
任务 6　实现在线商城商品管理后台删除功能
任务 7　实现在线商城商品管理后台更新功能

任务1　商品图片上传至临时文件夹

任务要求

- 通过添加表单组件，对表单进行相应的设置，实现将图片上传至临时文件夹存放。获取上传文件的信息并输出相关信息，输出效果如图5.1.1所示。

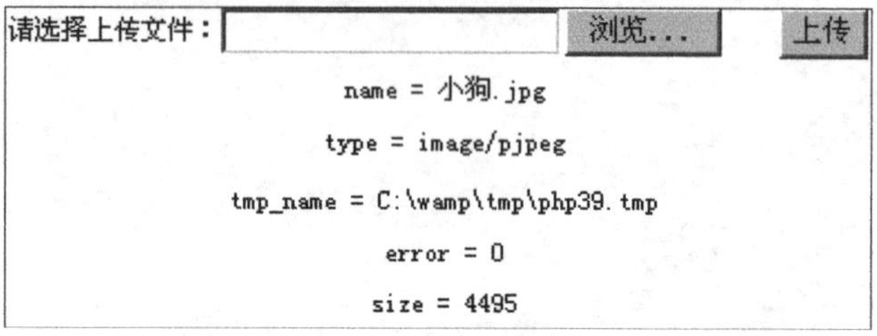
请选择上传文件：
浏览...
上传
name = 小狗.jpg
type = image/pjpeg
tmp_name = C:\wamp\tmp\php39.tmp
error = 0
size = 4495

图5.1.1　输出效果图

知识点与技能

- 表单属性的设置。
- 文件域相关变量 $_FILES 的定义与使用。

任务准备

- 小组协作，按4人一组组成学习小组，根据学习情况、性格选出小组长，由小组长带领小组协作完成。
- 讲解演示，教师讲解完成本任务需要掌握的知识技能，进一步说明完成学习的基本要求和任务的具体实施。

知识链接

PHP 中的 $_FILES 系统变量用法如下：

myFile 指具体文件域的名字，使用表单中的文件域能返回以下5个系统变量值：

$_FILES['myFile']['name']显示客户端文件的原名称。

$_FILES['myFile']['type']文件的 MIME 类型，例如"image/gif"。

$_FILES['myFile']['size']已上传文件的大小，单位为字节。

$_FILES['myFile']['tmp_name']储存的临时文件名，一般是系统默认。

$_FILES['myFile']['error']该文件上传相关的错误代码。

echo()函数的作用：输出一个或多个字符串。

任务实施

活动　创建动态页面

1. 新建动态页面，在页面上添加表单，对表单进行设置

①设定表单数据的提交方式为 POST。

②设定 enctype 属性值为:multipart/form-data。

<form action = "" method = "POST" enctype = "multipart/form-data" name = "form1" id = "form1">

2. 在表单上添加文件域及上传按钮(图5.1.2)

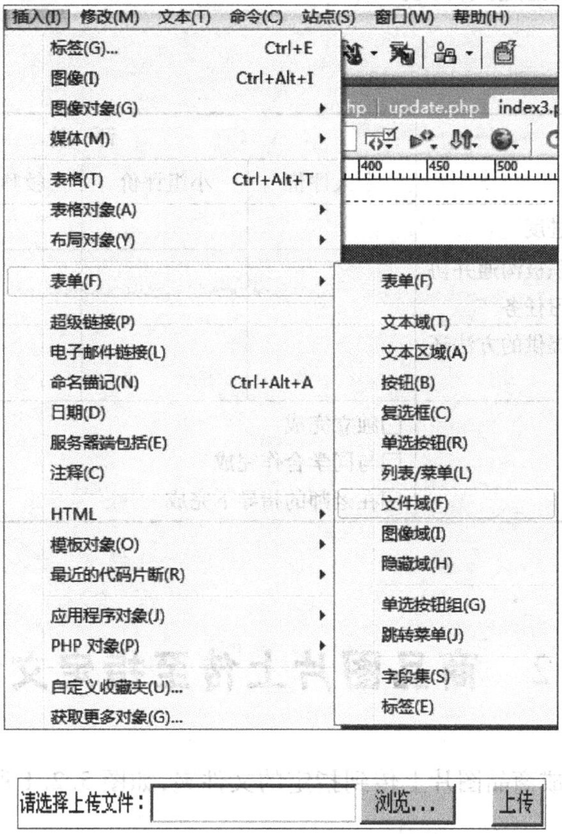
插入(I)
修改(M)
文本(T)
命令(C)
站点(S)
窗口(W)
帮助(H)
标签(G)... Ctrl+E
图像(I) Ctrl+Alt+I
图像对象(G)
媒体(M)
表格(T) Ctrl+Alt+T
表格对象(A)
布局对象(Y)
表单(F)
超级链接(P)
电子邮件链接(L)
命名锚记(N) Ctrl+Alt+A
日期(D)
服务器端包括(E)
注释(C)
HTML
模板对象(O)
最近的代码片断(R)
应用程序对象(J)
PHP 对象(P)
自定义收藏夹(U)...
获取更多对象(G)...
表单(F)
文本域(T)
文本区域(A)
按钮(B)
复选框(C)
单选按钮(R)
列表/菜单(L)
文件域(F)
图像域(I)
隐藏域(H)
单选按钮组(G)
跳转菜单(J)
字段集(S)
标签(E)
update.php
请选择上传文件:
浏览...
上传

图5.1.2　添加文件域及上传按钮

3. 添加 PHP 代码并输出结果(图5.1.3)

```
<?php
    echo $_FILES['file']['name'];
    echo $_FILES['file']['type'];
    echo $_FILES['file']['size'];
    echo $_FILES['file']['tmp_name'];
    echo $_FILES['file']['error'];
?>
```

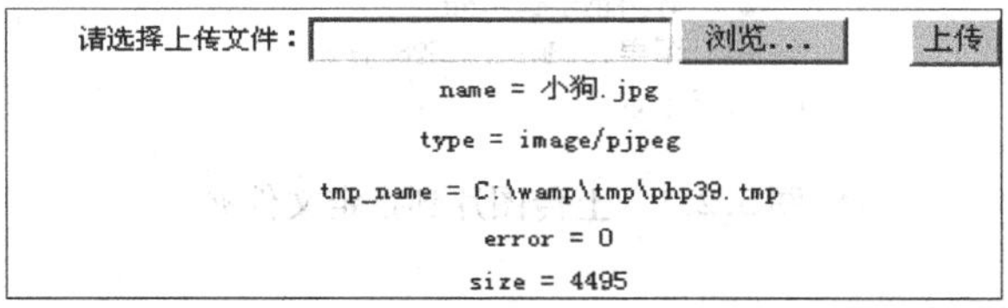
请选择上传文件:
浏览...
上传
name = 小狗.jpg
type = image/pjpeg
tmp_name = C:\wamp\tmp\php39.tmp
error = 0
size = 4495

图5.1.3　PHP 代码和输出结果

4. 检查运行结果

任务拓展

尝试将文件上传到指定文件夹。

任务评价

评价内容	评　价			
	个人评价	小组评价	教师评价	任务得分
学习任务完成情况及进度				
主动与同组其他成员积极沟通并协助其他成员共同完成学习任务				
任务完成是按老师所提供的方法还是其他方法				
能否独立完成该任务	□独立完成 □与同学合作完成 □在老师的指导下完成			

任务2　商品图片上传至指定文件夹

任务要求

➢ 通过组件和函数完成商品图片上传到指定的文件夹，如图5.2.1所示，能将图片上传至upfiles文件夹。

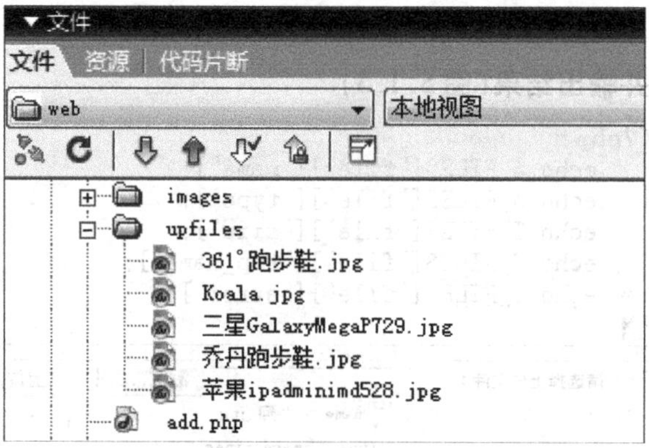
▼ 文件
文件
资源
代码片断
web
本地视图
images
upfiles
361°跑步鞋.jpg
Koala.jpg
三星GalaxyMegaP729.jpg
乔丹跑步鞋.jpg
苹果ipadminimd528.jpg
add.php

图5.2.1　上传图片到指定文件夹

知识点与技能

➢ 上传函数的定义与使用。

任务准备

- 小组协作，按 4 人一组组成学习小组，根据学习情况、性格选出小组长，由小组长带领小组协作完成。
- 讲解演示，教师讲解完成本任务需要掌握的知识技能，进一步说明完成学习的基本要求和任务的具体实施。

任务实施

活动 在页面上添加表单

①新建动态页面，在页面上添加表单，对表单进行设置。

②在表单上添加文件域及上传按钮。

③添加上传函数及相关代码。

首先为变量 $path 赋值，其值为上传文件夹及具体文件名，之后调用上传函数，将 $_FILES['myFile']['tmp_name']存放的临时文件转存到上传文件夹，代码如图 5.2.2 所示。

```
if(isset($_POST["Submit"])){                                    //判断按钮是否按下
 $path='upfiles/'.$_FILES['file']['name'];                      //指定上传文件夹
move_uploaded_file($_FILES['file']['tmp_name'],$path);          //使用上传函数实现文件上传到指定文件夹
```

图 5.2.2 将临时文件上传到指定文件夹

④检查上传结果。

任务拓展

了解图片存储到数据库的方式。

任务评价

评价内容	评 价			
	个人评价	小组评价	教师评价	任务得分
学习任务完成情况及进度				
主动与同组其他成员积极沟通并协助其他成员共同完成学习任务				
任务完成是按老师所提供的方法还是其他方法				
能否独立完成该任务	□独立完成 □与同学合作完成 □在老师的指导下完成			

任务3 存储图片至数据库

任务要求

➢ 在上传图片的同时,将图片信息存储到数据库,在数据库中能显示如图5.3.1所示的数据。

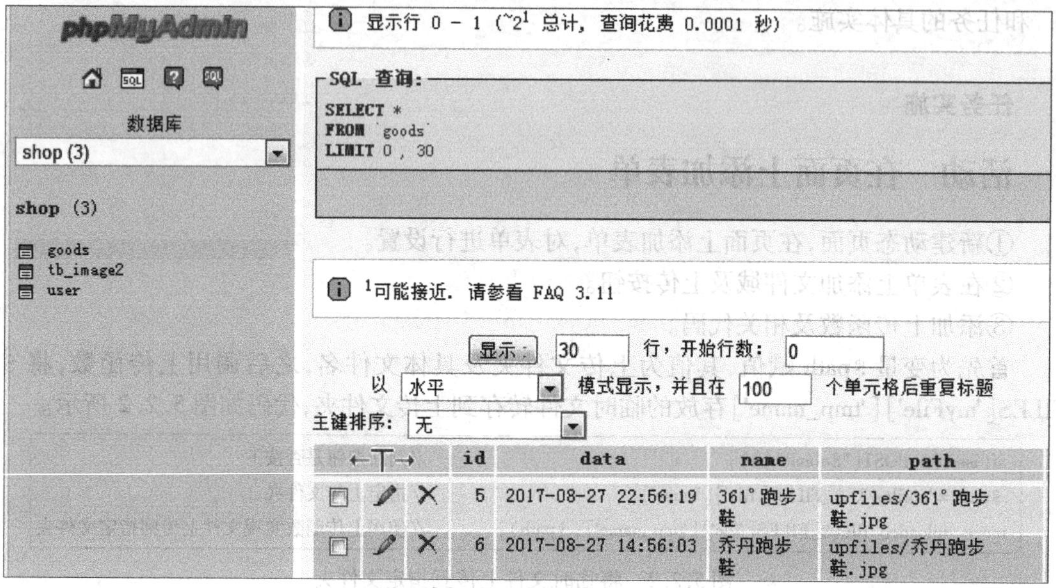
phpMyAdmin
数据库
shop (3)
shop (3)
goods
tb_image2
user
显示行 0 - 1 (~2¹ 总计, 查询花费 0.0001 秒)
SQL 查询:
SELECT *
FROM `goods`
LIMIT 0 , 30
¹可能接近. 请参看 FAQ 3.11
显示 : 30 行, 开始行数: 0
以 水平 模式显示, 并且在 100 个单元格后重复标题
主键排序: 无
id data name path
5 2017-08-27 22:56:19 361°跑步鞋 upfiles/361°跑步鞋.jpg
6 2017-08-27 14:56:03 乔丹跑步鞋 upfiles/乔丹跑步鞋.jpg

图5.3.1 存储图片至数据库

知识点与技能

➢ 数据库添加数据的SQL语句。

➢ 数据库行为实现数据插入。

任务准备

➢ 小组协作,按4人一组组成学习小组,根据学习情况、性格选出小组长,由小组长带领小组协作完成。

➢ 讲解演示,教师讲解完成本任务需要掌握的知识技能,进一步说明完成学习的基本要求和任务的具体实施。

知识链接

1. INSERT INTO 语句

INSERT INTO 语句用于向数据库表添加新记录。语法如下:

INSERT INTO table_name(column1,column2,...) VALUES(value1,value2,...)

为了让PHP执行该语句,必须使用 mysql_query()函数。该函数用于向 MySQL 连接发送查询或命令。

2. “插入记录”服务器行为

“插入记录”服务器行为的操作步骤如下：

①打开要添加“插入记录”服务器行为的页面。

②在“应用程序”面板的“服务器行为”选项卡中选择“插入记录”命令。

③在“插入记录”对话框中设置参数。

④单击“确定”按钮，完成服务器行为定义。

3. PHP 获取当前时间

使用函数 date( )实现

```
<? php echo  $showtime = date("Y-m-d H:i:s");? >
```

显示的格式：年-月-日　小时：分钟：秒。

相关时间参数：

Y——年，四位数字，如"1999"。

m——月份，两位数字，若不足两位则在前面补零，如"01"至"12"。

d——几日，两位数字，若不足两位则在前面补零，如"01"至"31"。

H——24 小时制的小时，如"00"至"23"。

i——分钟，如"00"至"59"。

s——秒，如"00"至"59"。

任务实施

活动　在表单中连接数据库

①新建动态页面，在页面上添加表单，对表单进行设置。

②在表单上添加文件域及上传按钮。

③添加上传函数及相关代码。与项目 5 中的任务 2 不同的是，上传的同时添加时间获取的代码，即 $hid = date("Y-m-d H:i:s")，如图 5.3.2 所示。

```
<? php
if(isset($_POST["Submit"])){
$hid = date("Y-m-d H:i:s");
$path = 'upfiles/'. $_FILES['file']['name'];
$name = $_FILES['file']['name'];
move_uploaded_file($_FILES['file']['tmp_name']. $path);
```

图 5.3.2　上传函数及相关代码

④完成数据添加到数据库的操作。

• 创建数据库及数据库表。新建一个名为 shop 的数据库，在数据库中添加 goods 的数据库表中设定 4 个字段，如图 5.3.3 所示。

• 分别建立 id 字段、图片名称 name 字段、图片存放路径 path 字段、图片上传时间 date 字段，各字段类型如图 5.3.4 所示。

• 建立数据库连接。在应用程序面板上单击数据库面板，单击“ + ”选择 MySQL 连接，

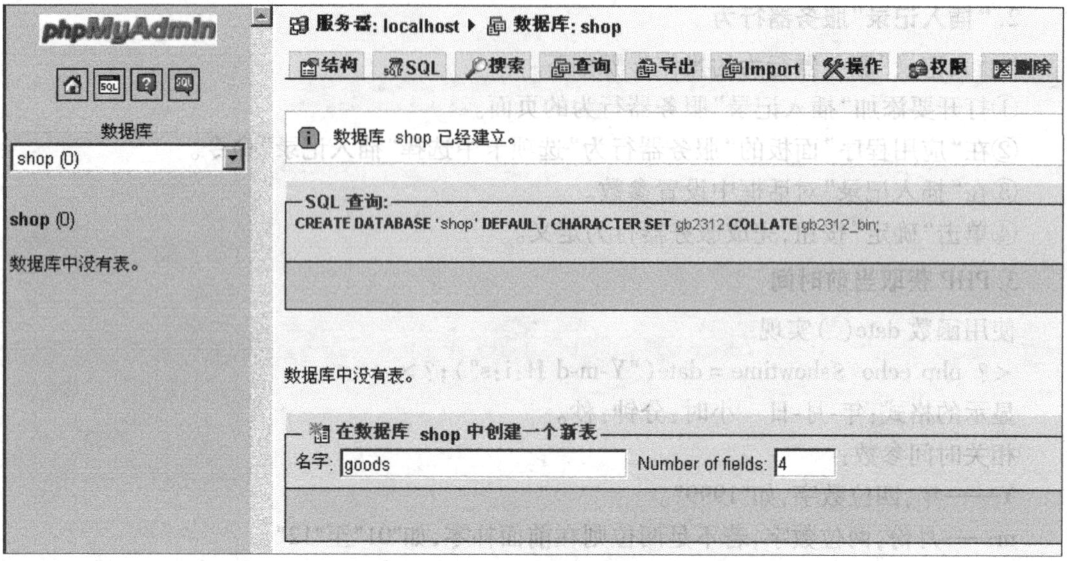
phpMyAdmin
数据库
shop (0)
shop (0)
数据库中没有表。
服务器: localhost ▸ 数据库: shop
结构 SQL 搜索 查询 导出 Import 操作 权限 删除
数据库 shop 已经建立。
SQL 查询:
CREATE DATABASE 'shop' DEFAULT CHARACTER SET gb2312 COLLATE gb2312_bin;
数据库中没有表。
在数据库 shop 中创建一个新表
名字: goods
Number of fields: 4

图 5.3.3　创建数据库及数据库表

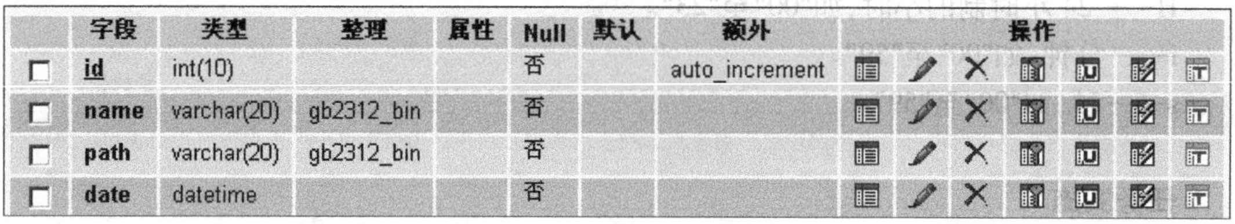

	字段	类型	整理	属性	Null	默认	额外	操作
☐	id	int(10)			否		auto_increment	
☐	name	varchar(20)	gb2312_bin		否			
☐	path	varchar(20)	gb2312_bin		否			
☐	date	datetime			否			

图 5.3.4　各字段类型

如图 5.3.5 所示。

在打开的 MySQL 连接面板中自定义连接名称,输入 MySQL 服务器名称及用户名,如有密码需输入密码。设置如图 5.3.6 所示。

▼应用程序
数据库 绑定 服务器行为 组件
文档类型: PHP
MySQL 连接
goods

图 5.3.5　建立数据库连接

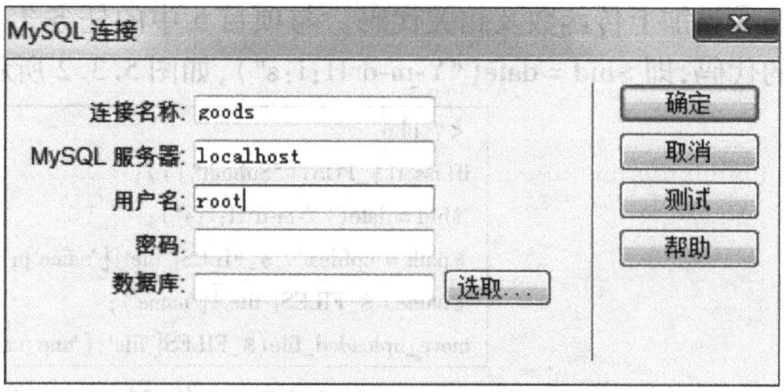
MySQL 连接
连接名称: goods
MySQL 服务器: localhost
用户名: root
密码:
数据库:
选取...
确定
取消
测试
帮助

图 5.3.6　MySQL 连接面板中的各项设置

- 数据库插入记录。在使用数据源中的数据表格之前,用户必须定义一个记录集。数据库对数据表里的包含信息进行分组。记录集是对一个或多个数据表查询而得到的一组数据,它指定了检索数据时利用哪些表格和字段,如图 5.3.7 所示。
- 插入数据。其参考如图 5.3.8 所示。
- 修改代码实现数据库数据的添加,具体代码如下:

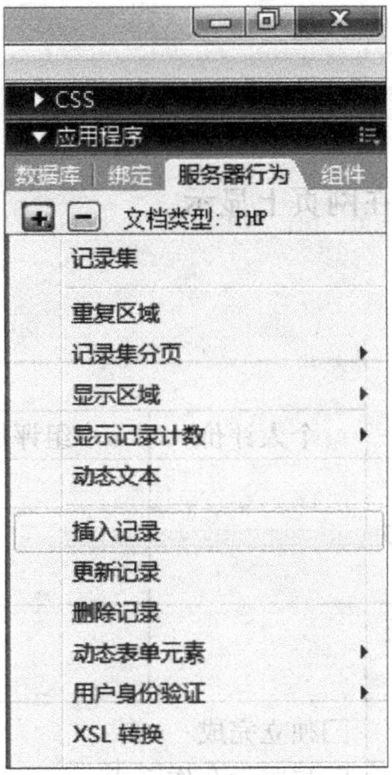
CSS
应用程序
数据库
绑定
服务器行为
组件
文档类型: PHP
记录集
重复区域
记录集分页
显示区域
显示记录计数
动态文本
插入记录
更新记录
删除记录
动态表单元素
用户身份验证
XSL 转换

图 5.3.7 数据库插入记录

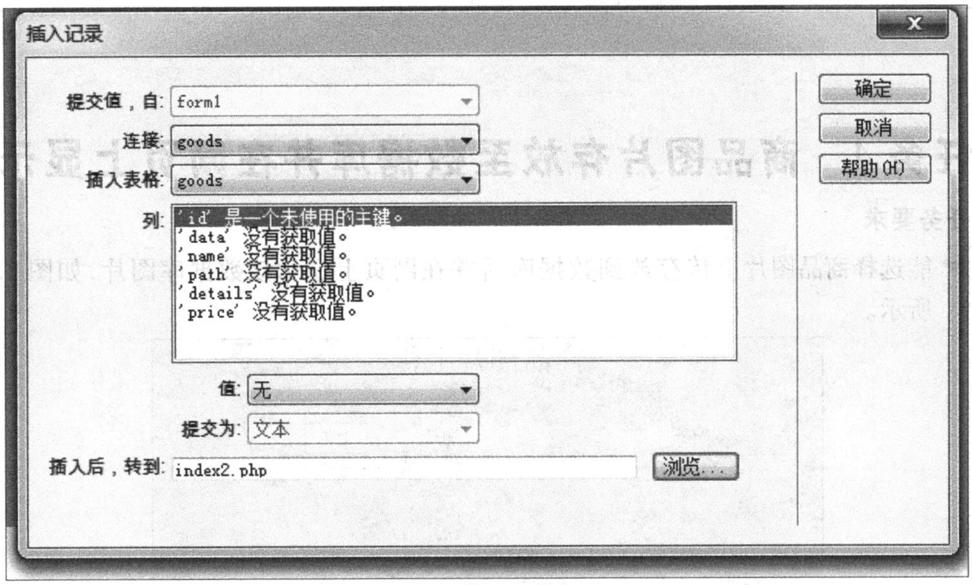
插入记录
提交值，自: form1
连接: goods
插入表格: goods
列:
'id' 是一个未使用的主键。
'data' 没有获取值。
'name' 没有获取值。
'path' 没有获取值。
'details' 没有获取值。
'price' 没有获取值。
值: 无
提交为: 文本
插入后，转到: index2.php
浏览...
确定
取消
帮助(H)

图 5.3.8 插入数据

```
if((isset($_POST["MM_insert"]))&&($_POST["MM_insert"]=="form1")){
$insertSQL = sprintf ("INSERT TNTO goods(data,name,path)VALUES(%s,%s,%s)",
                    GetSQLValueString($hid,"date"),
                    GetSQLValueString($name,"text"),
                    GetSQLValueString($path,"text"));
mysql_select_db($database_goods, $goods);
$Result1 = mysql_query($insertSQL, $goods)or die(mysql_error());
```

}

任务拓展

尝试提取数据库图片信息并在网页上显示。

任务评价

评价内容	评　价			
	个人评价	小组评价	教师评价	任务得分
学习任务完成情况及进度				
主动与同组其他成员积极沟通并协助其他成员共同完成学习任务				
任务完成是按老师所提供的方法还是其他方法				
能否独立完成该任务	□独立完成 □与同学合作完成 □在老师的指导下完成			

任务4　商品图片存放至数据库并在网页上显示

任务要求

➢ 能选择商品图片上传存放到数据库后并在网页上显示该数据库图片，如图 5.4.1 所示。

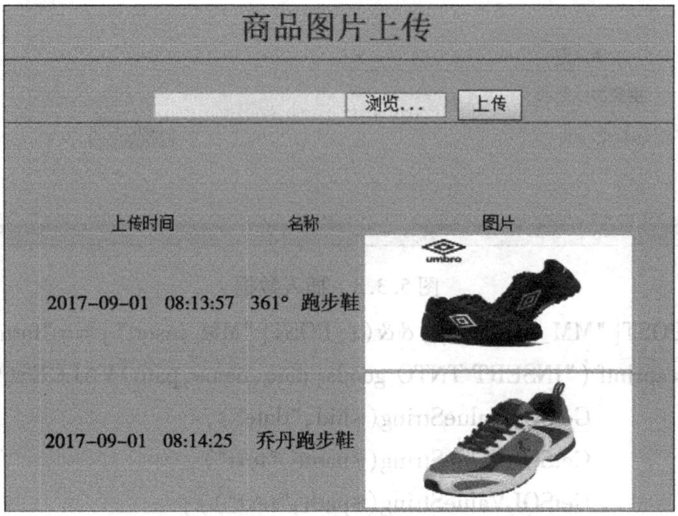
商品图片上传
浏览...
上传
上传时间
名称
图片
2017-09-01 08:13:57
361° 跑步鞋
2017-09-01 08:14:25
乔丹跑步鞋

图 5.4.1　上传商品图片

知识点与技能

- <img>标签的使用和设置。
- 数据库查询及显示多条记录。

任务准备

- 小组协作，按4人一组组成学习小组，根据学习情况、性格选出小组长，由小组长带领小组协作完成。
- 讲解演示，教师讲解完成本任务需要掌握的知识技能，进一步说明完成学习的基本要求和任务的具体实施。

知识链接

1. 插入图片标记<img>

页面中插入图片可以起到美化的作用。插入图片的标记只有一个，那就是<img>标记。插入图片时，仅仅使用<img>标记是不够的，需要配合其他属性来完成，如下所示：

```
<img src="bg.jpg" height="100" width="200"/>
```

属性：

src　图像的源文件

alt　提示文字

width，height　宽度、高度

border　边框

2. 显示记录

重复区域服务器行为必须在选定了需重复的格式后使用。其操作方法如下：

步骤1　设计一张表，在"绑定"面板中添加相应数据表的记录集，然后绑定各记录集到相应字段上。

步骤2　选取绑定数据的行，单击"服务器行为"面板菜单中重复区域选项，在该对话框中进行相应设置。

步骤3　单击"确定"按钮，完成设定。动态地显示导航条。

任务实施

活动　在页面中添加表单记录

①新建动态页面，在页面上添加表单，对表单进行设置。

②在表单上添加文件域及上传按钮。

③添加上传函数及相关代码。

④完成数据添加到数据库的操作。

⑤绑定记录集，具体操作如下：

要把数据库中的数据添加到 Web 页面上，首先要定义相应的记录集。

把数据绑定到网页上时，绑定的是记录集中的数据，而不是数据库。为了定义记录集，用户要在“绑定”面板中单击“+”按钮，在弹出的菜单中选择“记录集(查询)”，如图 5.4.2 所示。

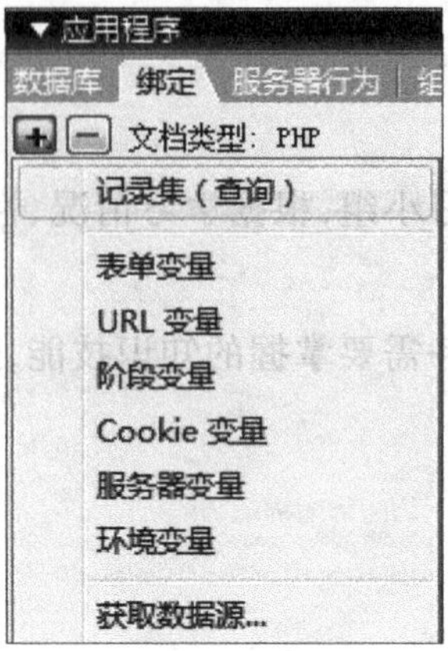
▼ 应用程序
数据库
绑定
服务器行为
文档类型: PHP
记录集(查询)
表单变量
URL 变量
阶段变量
Cookie 变量
服务器变量
环境变量
获取数据源...

图 5.4.2　选择“记录集(查询)”

在弹出的对话框中选择字段时，可以选择“全部”，当然也可以根据需要选择相应字段，如图 5.4.3 所示。

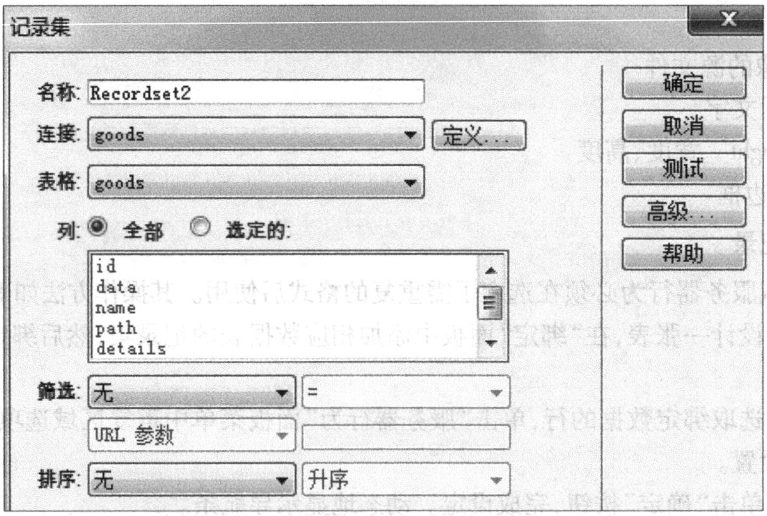
记录集
名称: Recordset2
连接: goods
定义...
表格: goods
列: 全部 选定的:
id
data
name
path
details
筛选: 无
=
URL 参数
排序: 无
升序
确定
取消
测试
高级...
帮助

图 5.4.3　设置相应字段

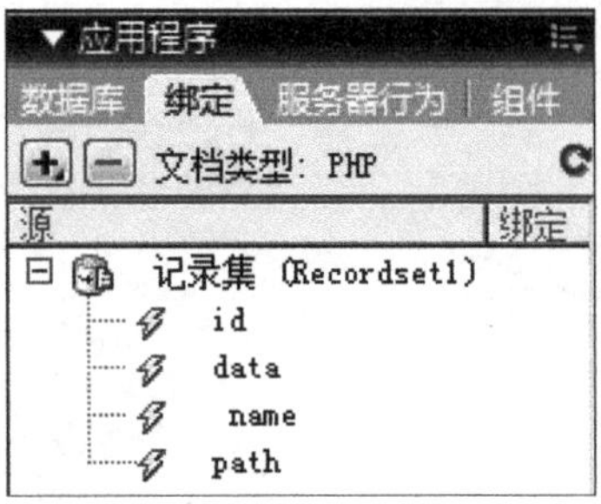
▼ 应用程序
数据库
绑定
服务器行为
组件
文档类型: PHP
源
绑定
记录集 (Recordset1)
id
data
name
path

图 5.4.4　查看绑定的记录集

单击“确定”按钮后，能在绑定面板中看到该网页所绑定的记录集，如图 5.4.4 所示。

⑥页面中显示多条记录。

- 在页面的设计窗口下，插入一个表格，在表格的第一行依次输入字段名信息，如本实例中的上传时间、名称和图片。
- 在“绑定”选项卡中，用鼠标将需要显示的记录自动拖动到对应的表格下，如图5.4.5所示。

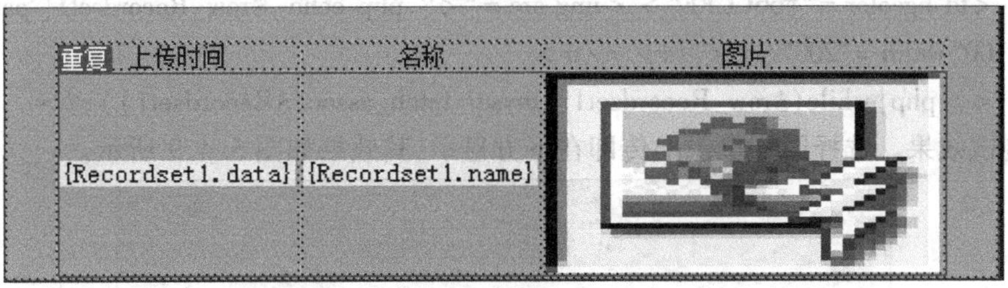
重复 上传时间
名称
图片
{Recordset1.data}
{Recordset1.name}

图 5.4.5　拖动相应的记录

●选中需显示多条记录的表格,在“应用程序”面板中选择“服务器行为”选项卡,单击“+”按钮,在弹出的菜单中选择“重复区域”命令,如图 5.4.6 所示。

●在弹出的“重复区域”对话框中,设置需要显示的记录集名和显示的记录数,如图 5.4.7所示。

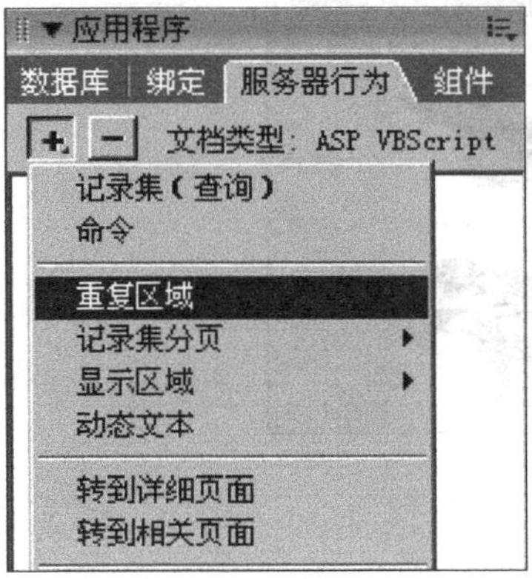
应用程序
数据库
绑定
服务器行为
组件
文档类型: ASP VBScript
记录集(查询)
命令
重复区域
记录集分页
显示区域
动态文本
转到详细页面
转到相关页面

图 5.4.6　选择“重复区域”命令

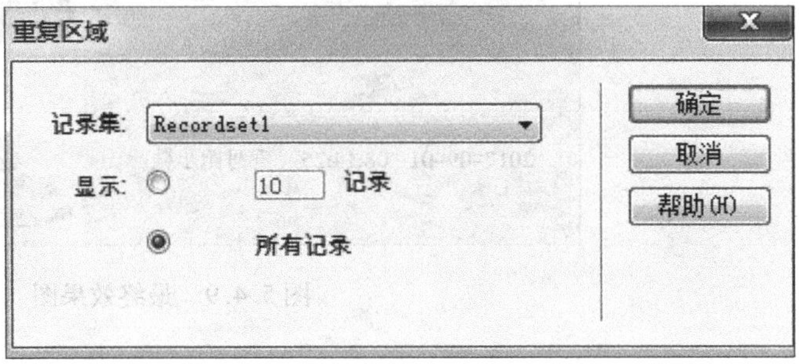
重复区域
记录集:
Recordset1
显示:
10
记录
所有记录
确定
取消
帮助(H)

图 5.4.7　“重复区域”对话框

当出现如图 5.4.8 所示的“重复”字样时,即设置成功。

重复 上传时间
名称
图片
{Recordset1.data}
{Recordset1.name}

图 5.4.8　设置成功

⑦添加图片 <img> 标签。如图 5.4.8 所示在图片显示的单元格内插入一个图像框,也可以在代码中直接添加 <img> 标签,设置 <img> 的高度、宽度等属性。

设置 <img> 的 src 属性值,将记录集中的 path 字段拖到 src 属性值处,完成绑定。

```
<? php do{?>
  <tr>
    <td bgcolor="#66CCFF"><? php echo $row_Recordset1['data'];?></td>
    <td bgcolor="#66CCFF"><? php echo $row_Recordset1['name'];?></td>
```

```
<td bgcolor="#66CCFF"><img src="<? php echo $row_Recordset1['path'];?>"
height="100" width="200"/></td></tr>
<? php} while($row_Recordset1 = mysql_fetch_assoc($Recordset1));?>
```

⑧测试效果。选择图片单击上传即在下方显示,其效果如图 5.4.9 所示。

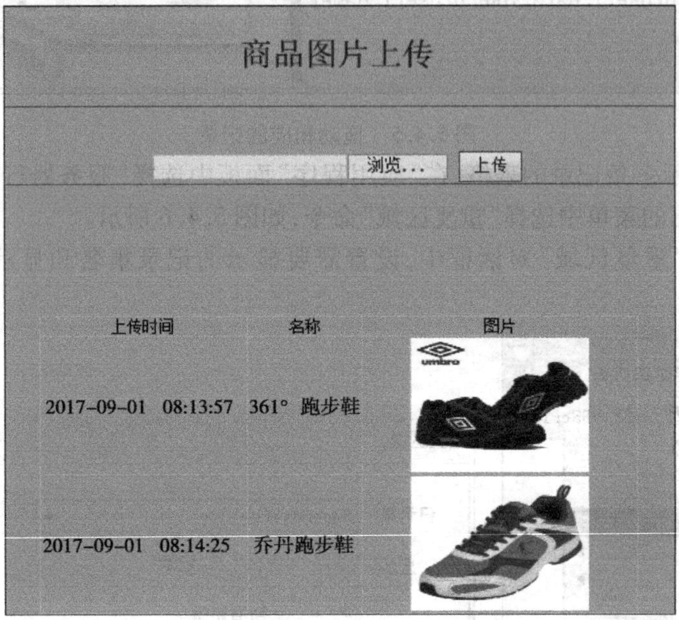
商品图片上传
浏览...
上传
上传时间
名称
图片
2017-09-01 08:13:57
361° 跑步鞋
2017-09-01 08:14:25
乔丹跑步鞋

图 5.4.9 最终效果图

任务拓展

实现多张图片换行输出显示,即每显示 3 张图片后自动换行到下一行显示。

任务评价

评价内容	评 价			任务得分
	个人评价	小组评价	教师评价	任务得分
学习任务完成情况及进度				
主动与同组其他成员积极沟通并协助其他成员共同完成学习任务				
任务完成是按老师所提供的方法还是其方法				
能否独立完成该任务	□独立完成 □与同学合作完成 □在老师的指导下完成			

任务5　实现在线商城商品管理后台添加功能

任务要求

➢ 完成动态页面的设置,为该页面添加录入数据到数据库的功能,如图5.5.1所示。

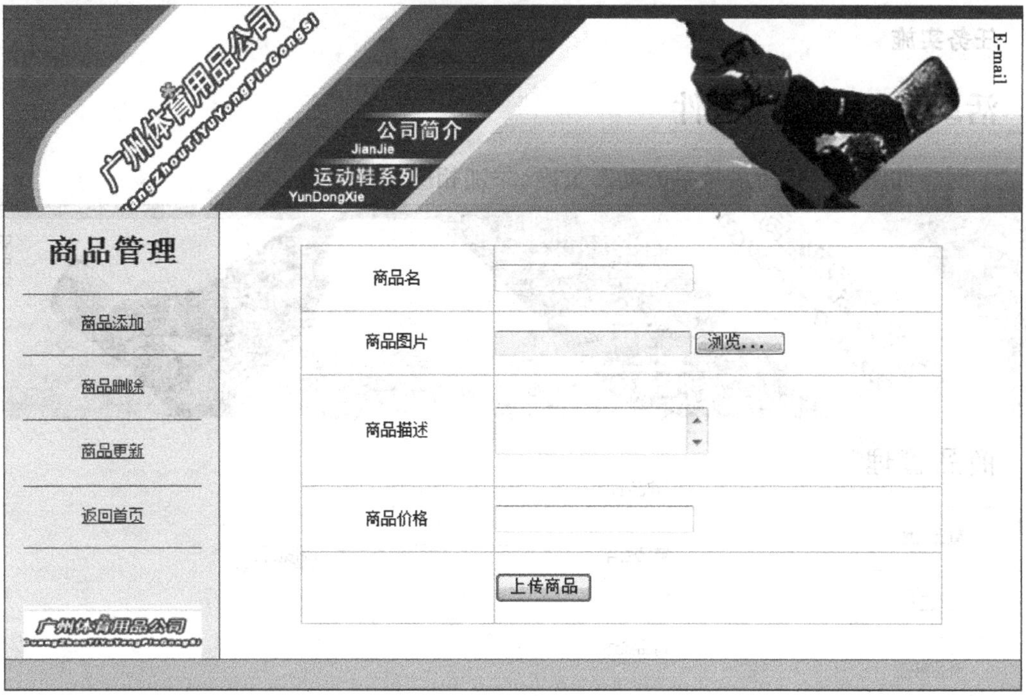
广州体育用品公司
公司简介
JianJie
运动鞋系列
YunDongXie
E-mail
商品管理
商品添加
商品删除
商品更新
返回首页
商品名
商品图片
浏览...
商品描述
商品价格
上传商品

图5.5.1　录入数据到数据库

知识点与技能

➢ 实现数据库行为数据的添加。

任务准备

➢ 小组协作,按4人一组组成学习小组,根据学习情况、性格选出小组长,由小组长带领小组协作完成。

➢ 讲解演示,教师讲解完成本任务需要掌握的知识技能,进一步说明完成学习的基本要求和任务的具体实施。

知识链接

1. 创建动态数据页面

创建动态数据页面的步骤如下:

步骤1　设计页面布局;

步骤2　定义 Dreamweaver 数据源；

步骤3　添加动态内容；

步骤4　添加服务器行为。

其中“服务器行为”是指用户在建立数据库连接和查询之后可以指定给 Web 页面的功能，例如，数据记录的增、删、改等。

任务实施

活动　添加表单组件

①创建如图 5.5.2 所示效果的动态页面，添加相应表单组件。

广州体育用品公司
GuangZhouTiYuYongPinGongSi
公司简介
JianJie
运动鞋系列
YunDongXie
E-mail
商品管理
商品添加
商品删除
商品更新
返回首页
商品名
商品图片
浏览...
商品描述
商品价格
上传商品
广州体育用品公司

图 5.5.2　添加表单组件

②创建如图 5.5.3 所示的数据库 shop，商品表 goods。商品表 goods 包含 id 字段、时间 date 字段、图片名称 name 字段、图片路径 path 字段、商品描述 detail 字段、商品价格 price 字段，各字段类型如图 5.5.3 所示。

③参考本项目中的任务 2，完成图片上传到指定文件夹 upfiles。

④连接数据库。

⑤添加插入记录服务器行为。在“应用程序”面板中的“服务器行为”选项卡中，单击“+”按钮，在弹出的菜单中选择“插入记录”命令，如图 5.5.4 所示。

⑥在弹出的“插入记录”对话框中进行设置。从上到下依次设置插入数据的来源表单、连接名称、添加数据的表格，以及每列数据的来源和插入记录后跳转页面，如图 5.5.5 所示。

phpMyAdmin
数据库
shop (3)
shop (3)
goods
pic
user
服务器: localhost
数据库: shop
表 : goods "InnoDB free: 4096 kB"
浏览
结构
SQL
搜索
插入
导出
Import
操作
清空
字段
类型
整理
属性
Null
默认
额外
id
int(11)
否
auto_increment
data
datetime
否
name
varchar(200)
gb2312_chinese_ci
否
path
varchar(200)
gb2312_chinese_ci
否
details
varchar(200)
gb2312_chinese_ci
否
price
float
否

图 5.5.3　创建数据库和商品表

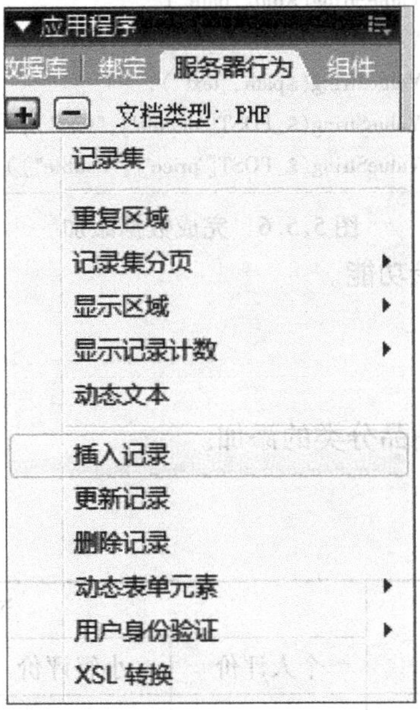
应用程序
数据库
绑定
服务器行为
组件
文档类型: PHP
记录集
重复区域
记录集分页
显示区域
显示记录计数
动态文本
插入记录
更新记录
删除记录
动态表单元素
用户身份验证
XSL 转换

图 5.5.4　选择“插入记录”命令

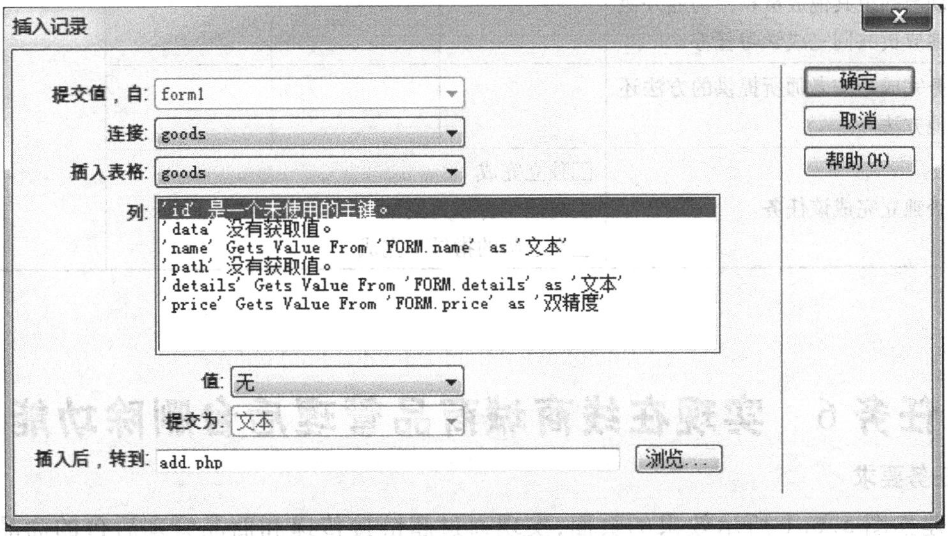
插入记录
提交值，自: form1
连接: goods
插入表格: goods
列: 'id' 是一个未使用的主键。
'data' 没有获取值。
'name' Gets Value From 'FORM.name' as '文本'
'path' 没有获取值。
'details' Gets Value From 'FORM.details' as '文本'
'price' Gets Value From 'FORM.price' as '双精度'
值: 无
提交为: 文本
插入后，转到: add.php
浏览...
确定
取消
帮助(H)

图 5.5.5　设置“插入记录”对话框

⑦修改部分代码,完成数据添加。为添加日期和路径到数据库,该两个字段数据不能从表单获取,而是存放在变量 $hid 和 $path 中,因此分别将插入语句中的

GetSQLValueString("date","date")

GetSQLValueString($_POST['file'],"text")修改为:

GetSQLValueString($hid,"date"),GetSQLValueString($path,"text")。

效果如图 5.5.6 所示。

```
if((isset($_POST["MM_insert"])) && ($_POST["MM_insert"] == "form1")) {
    $insertSQL = sprintf("INSERT INTO goods(data,name,path,details,price) VALUES(%s,%s,%s,%s)",
                        GetSQLValueString($hid,"date"),
                        GetSQLValueString($_POST['name'],"text"),
                        GetSQLValueString($path,"text"),
                        GetSQLValueString($_POST['details'],"text"),
                        GetSQLValueString($_POST['price'],"double"));
```

图 5.5.6　完成数据添加

⑧运行网页,测试插入记录功能。

任务拓展

为商品添加分类,并实现商品分类的添加。

任务评价

评价内容	评　价			
	个人评价	小组评价	教师评价	任务得分
学习任务完成情况及进度				
主动与同组其他成员积极沟通并协助其他成员共同完成学习任务				
任务完成是按老师所提供的方法还是其他方法				
能否独立完成该任务	□独立完成 □与同学合作完成 □在老师的指导下完成			

任务6　实现在线商城商品管理后台删除功能

任务要求

➢ 创建如图 5.6.1 所示效果的页面,实现通过超链接传递和商品管理后台的商品删除功能。

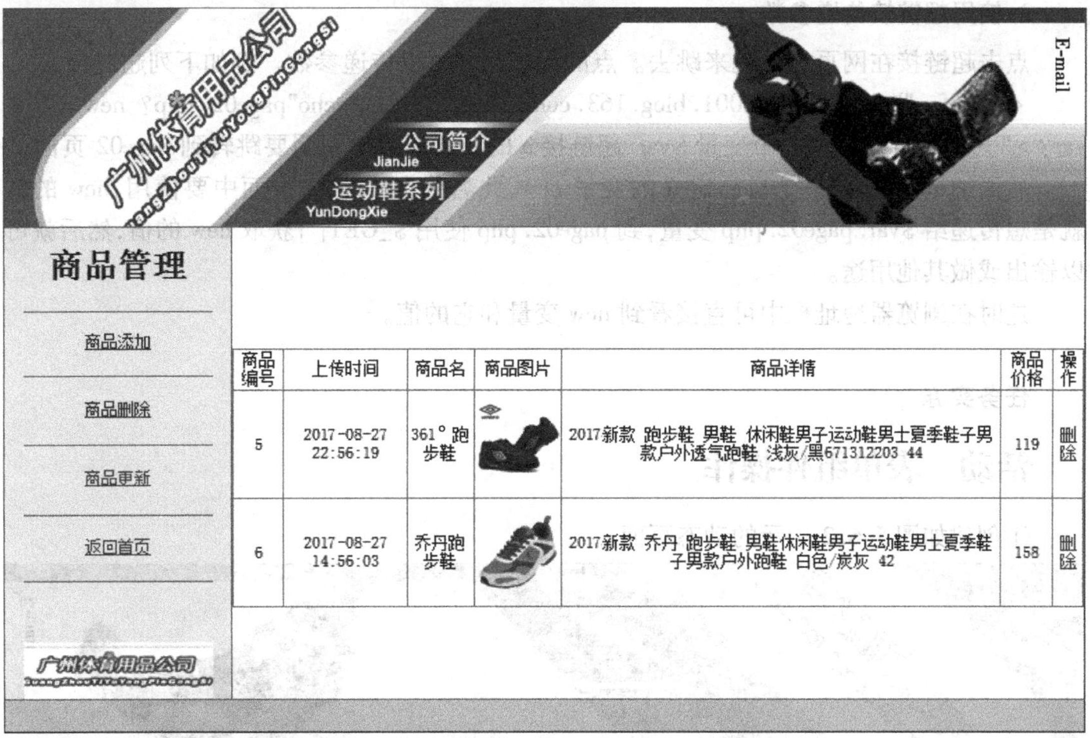
广州体育用品公司
公司简介
JianJie
运动鞋系列
YunDongXie
E-mail
商品管理
商品添加
商品删除
商品更新
返回首页
商品编号
上传时间
商品名
商品图片
商品详情
商品价格
操作
5
2017-08-27 22:56:19
361°跑步鞋
2017新款 跑步鞋 男鞋 休闲鞋男子运动鞋男士夏季鞋子男款户外透气跑鞋 浅灰/黑671312203 44
119
删除
6
2017-08-27 14:56:03
乔丹跑步鞋
2017新款 乔丹 跑步鞋 男鞋休闲鞋男子运动鞋男士夏季鞋子男款户外跑鞋 白色/炭灰 42
158
删除
广州体育用品公司

图 5.6.1　实现商品管理后台的商品删除功能

知识点与技能

➢ 实现超链接数据传递。

➢ 实现商品管理后台的商品删除功能。

任务准备

➢ 小组协作，按 4 人一组组成学习小组，根据学习情况、性格选出小组长，由小组长带领小组协作完成。

➢ 讲解演示，教师讲解完成本任务需要掌握的知识技能，进一步说明完成学习的基本要求和任务的具体实施。

知识链接

1. 删除服务器行为

删除服务器行为步骤如下：

步骤 1　打开要删除此行为的页面；

步骤 2　在“应用程序”面板的“服务器行为”选项卡中选择“删除记录”命令；

步骤 3　在“删除记录”对话框中设置参数；

步骤 4　单击“确定”按钮，完成服务器行为定义。

2. 使用超链接传递参数

点击超链接在网页之间跳来跳去。点的同时同样可以传递参数。例如下列超链接：

< a href = "http://wukui2001. blog. 163. com/blog/ < ? php echo"page02. php? new = ". $ var? > " > get < /a > 定义一个变量 $var. 超链接 a 的 href 属性里写明要跳转到 page02 页面。

后面加一个问号，一个自己定义的变量 new，此名称在 page02 页面中要使用，new 的值就是想传递给 $var. page02. php 变量，到 page02. php 使用 $_GET[ ] 获取 new 的值，然后就可以输出或做其他用途。

这时在浏览器地址栏中可直接看到 new 变量和它的值。

任务实施

活动　表单组件操作

①创建如图 5.6.2 所示的动态页面。

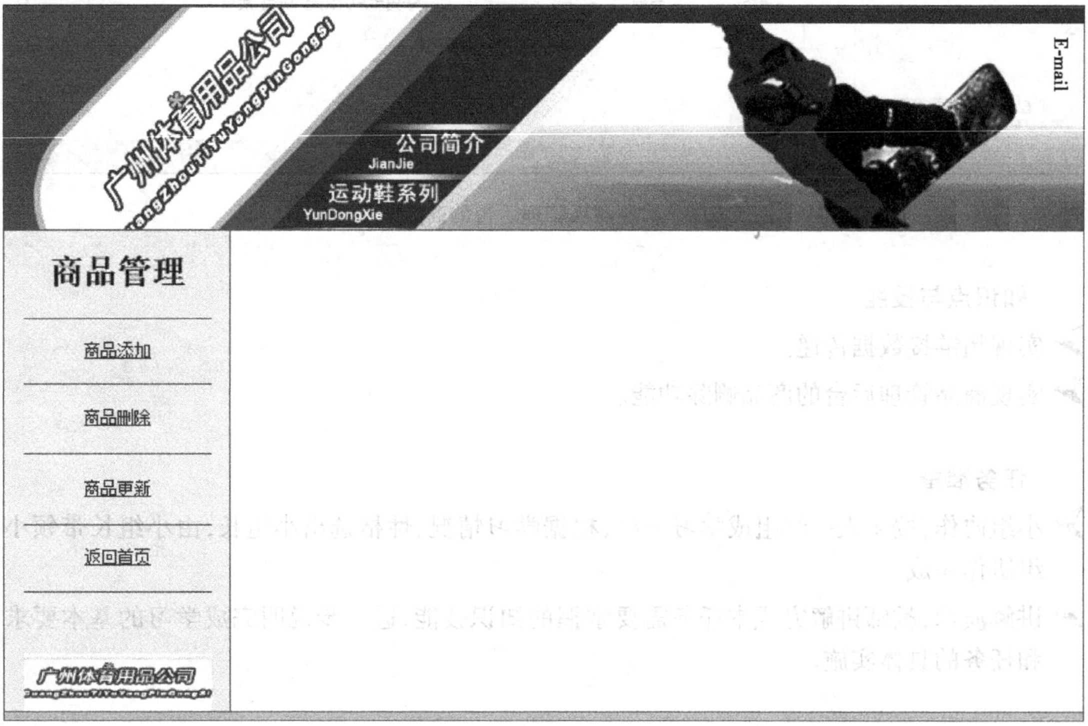
广州体育用品公司
公司简介
JianJie
运动鞋系列
YunDongXie
E-mail
商品管理
商品添加
商品删除
商品更新
返回首页
广州体育用品公司

图 5.6.2　创建动态页面

②创建数据库 shop，商品表 goods。

商品表包含名称 id 字段、时间 date 字段、图片名称 name 字段、图片路径 path 字段、商品描述 detail 字段、商品价格 price 字段。

③完成图片上传到指定文件夹。

④参考本项目中的任务 4，完成页面中显示多条记录，效果如图 5.6.3 所示。

公司简介
JianJie
运动鞋系列
YunDongXie
E-mail
商品管理
商品添加
商品删除
商品更新
返回首页
商品编号
上传时间
商品名
商品图片
商品详情
商品价格
操作
{Recordset1.id}
{Recordset1.data}
{Recordset1.name}
{Recordset1.details}
{Recordset1.price}
删除

图 5.6.3 显示多条记录

⑤为单条记录添加删除超链接，即在每条记录后加多个单元格，在单元格内容里填写删除超链接，如图 5.6.4 所示。

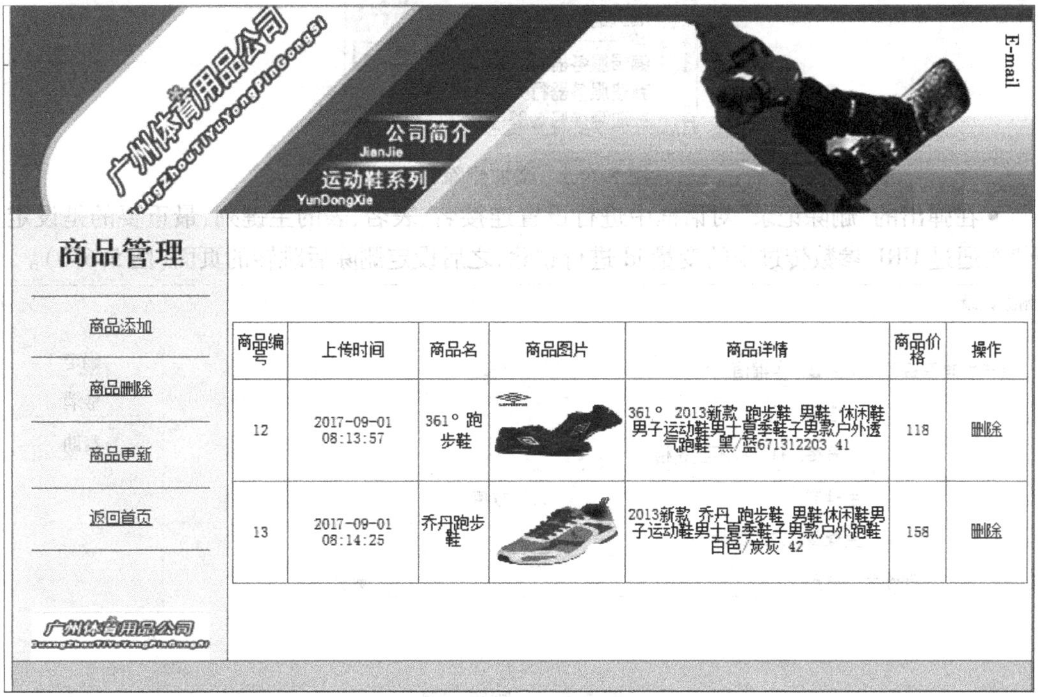
广州体育用品公司
公司简介
JianJie
运动鞋系列
YunDongXie
E-mail
商品管理
商品添加
商品删除
商品更新
返回首页
商品编号
上传时间
商品名
商品图片
商品详情
商品价格
操作
12
2017-09-01 08:13:57
361° 跑步鞋
361° 2013新款 跑步鞋 男鞋 休闲鞋 男子运动鞋男士夏季鞋子男款户外透气跑鞋 黑/蓝671312203 41
118
删除
13
2017-09-01 08:14:25
乔丹跑步鞋
2013新款 乔丹 跑步鞋 男鞋休闲鞋男子运动鞋男士夏季鞋子男款户外跑鞋 白色/炭灰 42
158
删除

图 5.6.4 添加删除超链接

⑥为超链接添加参数传递。为超链接添加参数 id，绑定记录的 id 值给变量 id，可参考如下代码。

```
<td bgcolor="#FFFFFF" width="60"><a href="del.php?id=<?php echo $row_Recordset1['id'];?>">删除</a></td>
```

⑦实现删除行为的添加。

• 新建一个 del. php 页面,在该页面的“应用程序”面板的“服务器行为”中选择“删除记录”,如图 5.6.5 所示。

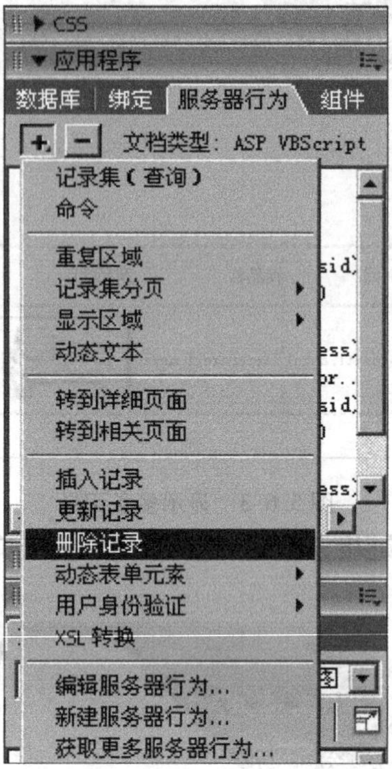
CSS
应用程序
数据库
绑定
服务器行为
组件
文档类型: ASP VBScript
记录集(查询)
命令
重复区域
记录集分页
显示区域
动态文本
转到详细页面
转到相关页面
插入记录
更新记录
删除记录
动态表单元素
用户身份验证
XSL 转换
编辑服务器行为...
新建服务器行为...
获取更多服务器行为...

图 5.6.5 添加删除行为

• 在弹出的“删除记录”对话框中进行设置连接名、表名、表的主键列,最重要的是设定主键值对通过 URL 参数传过来的变量 id 进行删除,之后设定删除后跳转的页面(图 5.6.6)。

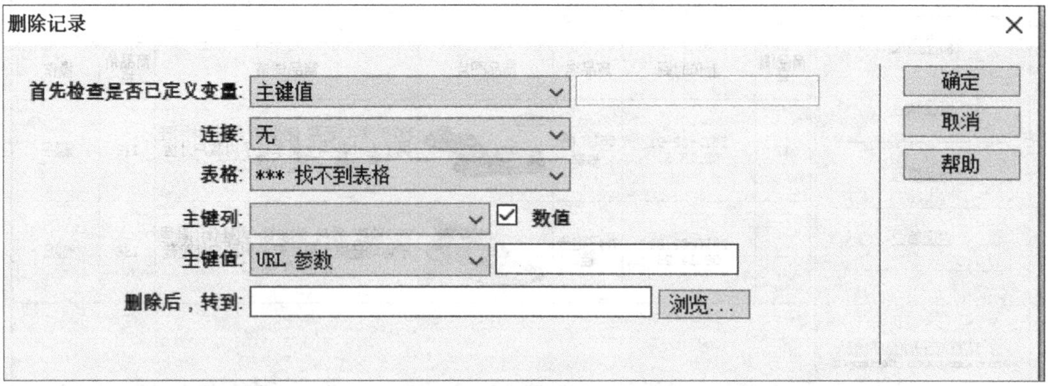
删除记录
首先检查是否已定义变量: 主键值
连接: 无
表格: *** 找不到表格
主键列:
数值
主键值: URL 参数
删除后,转到:
浏览...
确定
取消
帮助

图 5.6.6 删除记录

⑧测试页面删除功能。

任务拓展

将删除超链接改成删除按钮并实现删除功能。

任务评价

评价内容	评　价			
	个人评价	小组评价	教师评价	任务得分
学习任务完成情况及进度				
主动与同组其他成员积极沟通并协助其他成员共同完成学习任务				
任务完成是按老师所提供的方法还是其他方法				
能否独立完成该任务	□独立完成 □与同学合作完成 □在老师的指导下完成			

任务7　实现在线商城商品管理后台更新功能

任务要求

➢ 完成以下网页的制作，单击“更新”按钮能跳转到单条记录的更新页面，如图5.7.1和图5.7.2所示。

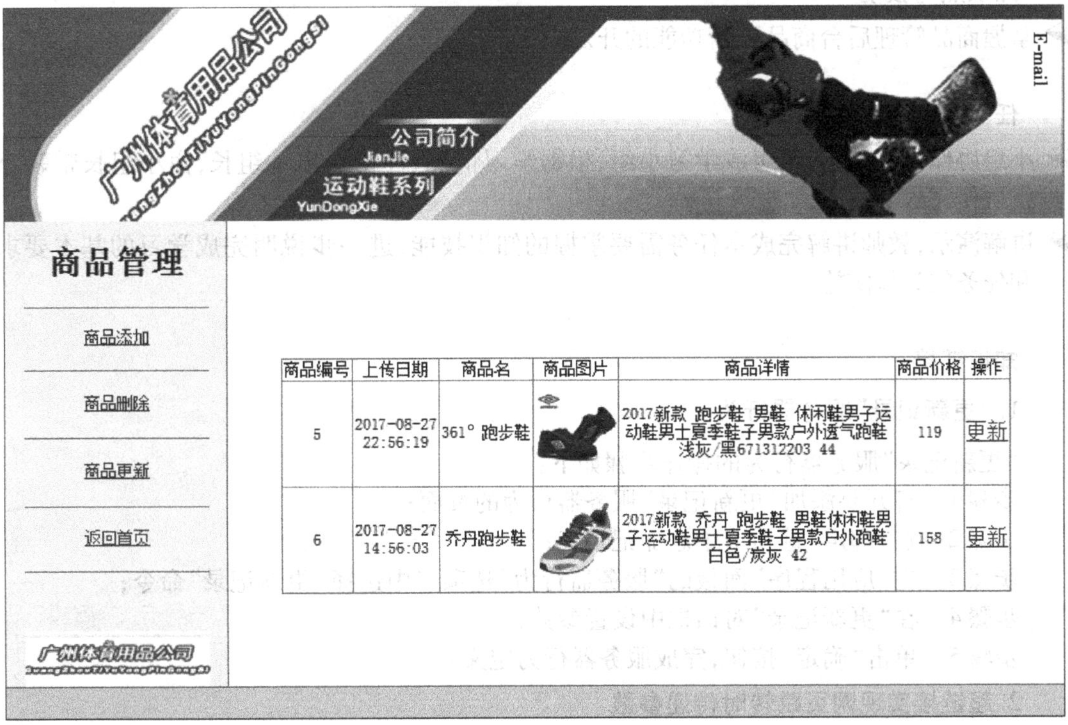
广州体育用品公司
GuangZhouTiYuYongPinGongSi
公司简介
JianJie
运动鞋系列
YunDongXie
E-mail
商品管理
商品添加
商品删除
商品更新
返回首页
商品编号 上传日期 商品名 商品图片 商品详情 商品价格 操作
5 2017-08-27 22:56:19 361° 跑步鞋 2017新款 跑步鞋 男鞋 休闲鞋男子运动鞋男士夏季鞋子男款户外透气跑鞋 浅灰/黑671312203 44 119 更新
6 2017-08-27 14:56:03 乔丹跑步鞋 2017新款 乔丹 跑步鞋 男鞋休闲鞋男子运动鞋男士夏季鞋子男款户外跑鞋 白色/炭灰 42 158 更新
广州体育用品公司

图5.7.1　实现跳转页面

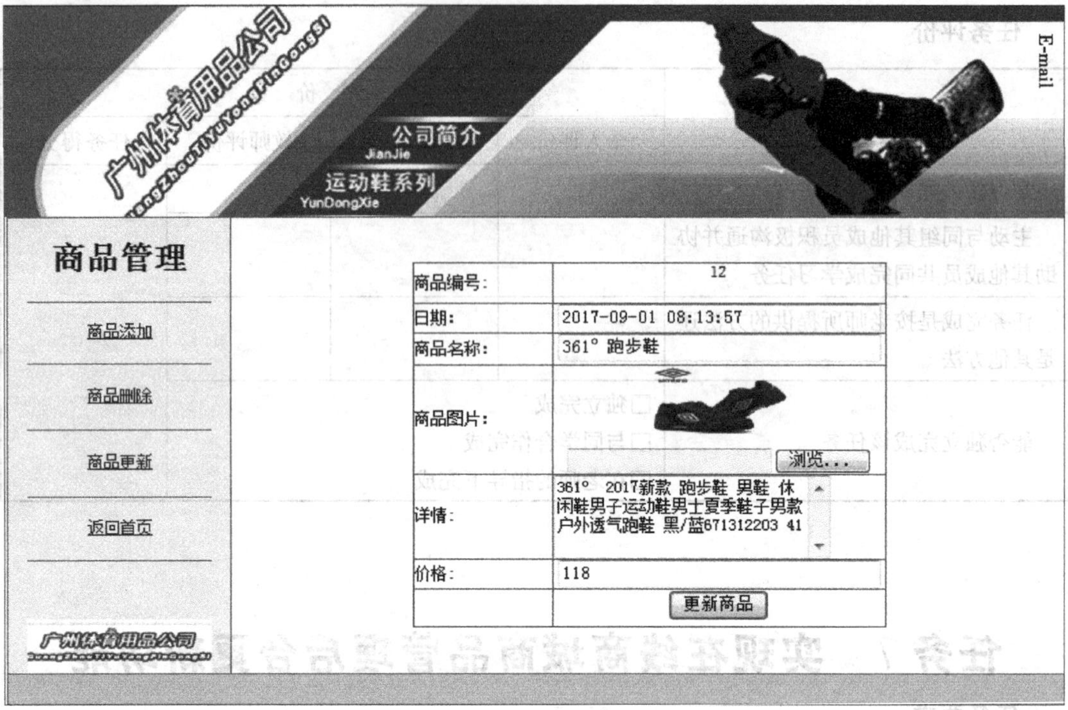
广州体育用品公司
公司简介
JianJie
运动鞋系列
YunDongXie
E-mail
商品管理
商品添加
商品删除
商品更新
返回首页
商品编号:
12
日期:
2017-09-01 08:13:57
商品名称:
361° 跑步鞋
商品图片:
浏览...
详情:
361° 2017新款 跑步鞋 男鞋 休闲鞋男子运动鞋男士夏季鞋子男款户外透气跑鞋 黑/蓝671312203 41
价格:
118
更新商品
广州体育用品公司

图 5.7.2　更新商品信息页面

知识点与技能

- 掌握商品管理后台商品更新功能的开发。

任务准备

- 小组协作,按 4 人一组组成学习小组,根据学习情况、性格选出小组长,由小组长带领小组协作完成。
- 讲解演示,教师讲解完成本任务需要掌握的知识技能,进一步说明完成学习的基本要求和任务的具体实施。

知识链接

1.“更新记录”服务器行为

“更新记录”服务器行为的操作步骤如下:

步骤 1　打开要添加“更新记录”服务器行为的页面;

步骤 2　在“绑定”选项卡中添加记录集;

步骤 3　在“应用程序”面板的“服务器行为”选项卡中选择“更新记录”命令;

步骤 4　在“更新记录”对话框中设置参数;

步骤 5　单击“确定”按钮,完成服务器行为定义。

2.超链接实现网页跳转时传递参数

page01.php 这样写:`<? php $var = 'I love you!';? >`

<a href = "http://wukui2001. blog. 163. com/blog/ <? php echo"page02. php? new = ". $var? >" >get </a >定义一个变量 $var. 超链接 a 的 href 属性里写明要跳转到 page02 页面。后面加一个问号,一个自己定义的变量 new"此名称在 page02 页面要使用",new 的值就是想传递的 $var. page02. php 这样写: <? php echo $_GET['new'];? >使用 $_GET[ ]获取 new 的值,然后就可以输出或作其他用途。这时在浏览器地址栏可以直接看到 new 变量和它的值。

任务实施

活动　更新表单数据记录

①创建如图 5.7.3 所示的页面。

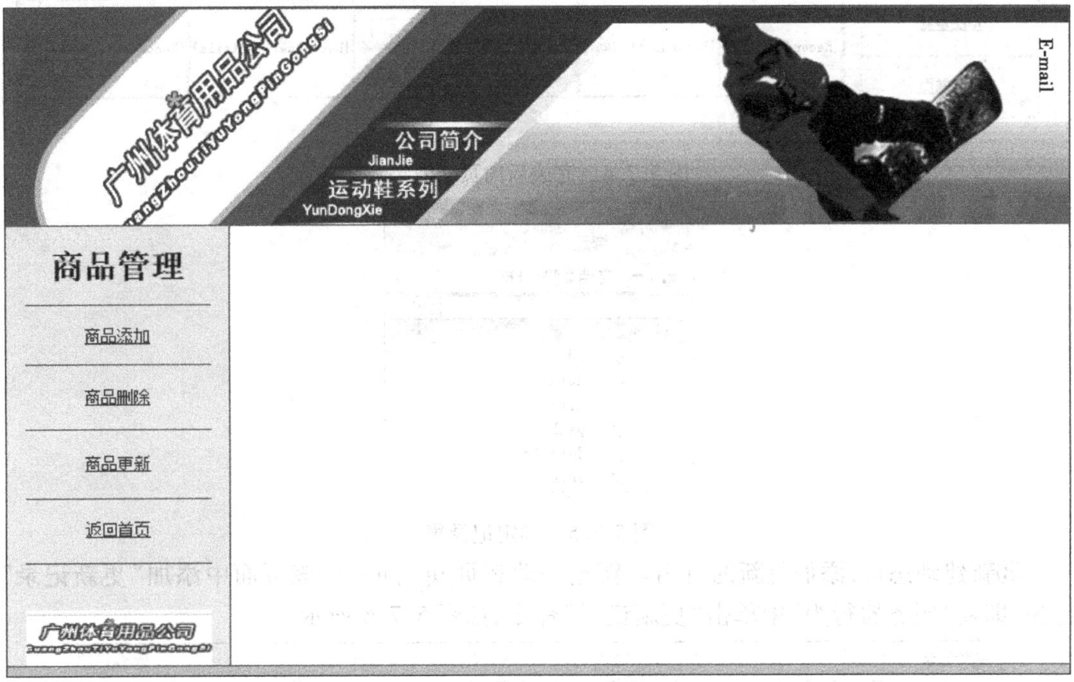
广州体育用品公司
GuangZhouTiYuYongPinGongSi
公司简介
JianJie
运动鞋系列
YunDongXie
E-mail
商品管理
商品添加
商品删除
商品更新
返回首页
广州体育用品公司

图 5.7.3　创建页面

②创建数据库 shop,商品表 goods。包含 id 字段、时间 date 字段、图片名称 name 字段、图片路径 path 字段、商品描述 detail 字段、商品价格 price 字段。

③完成图片上传到指定文件夹。

④参考本项目中的任务 4,完成页面中显示多条记录,效果如图 5.7.4 所示。

⑤为单条记录添加更新超链接。

⑥修改更新的超链接。为超链接添加参数传递,绑定记录的 id 值给变量 id,参考代码如下:

<td bgcolor = "#FFFFFF" > <a href = "up. php? id = <? php echo $row_Recordset1['id']; ? >" >更新 </a > </td >

⑦绑定记录集,效果如图 5.7.5 所示。

广州体育用品公司
公司简介
JianJie
运动鞋系列
YunDongXie
E-mail
商品管理
商品添加
商品删除
商品更新
返回首页
商品编号
重复
上传日期
商品名
商品图片
商品详情
商品价格
操作
{Recordset1.id}
{Recordset1.data}
{Recordset1.name}
{Recordset1.details}
{Recordset1.price}
更新

图 5.7.4　完成后的页面效果

应用程序
数据库
绑定
服务器行为
组件
文档类型：PHP
源
绑定
记录集（Recordset1）
id
data
name
path
details
price

图 5.7.5　绑定记录集

⑧新建动态页，添加更新的行为。新建一动态页 up.php，在该页面中添加“更新记录”行为，即在“服务器行为”中单击“更新记录”命令，如图 5.7.6 所示。

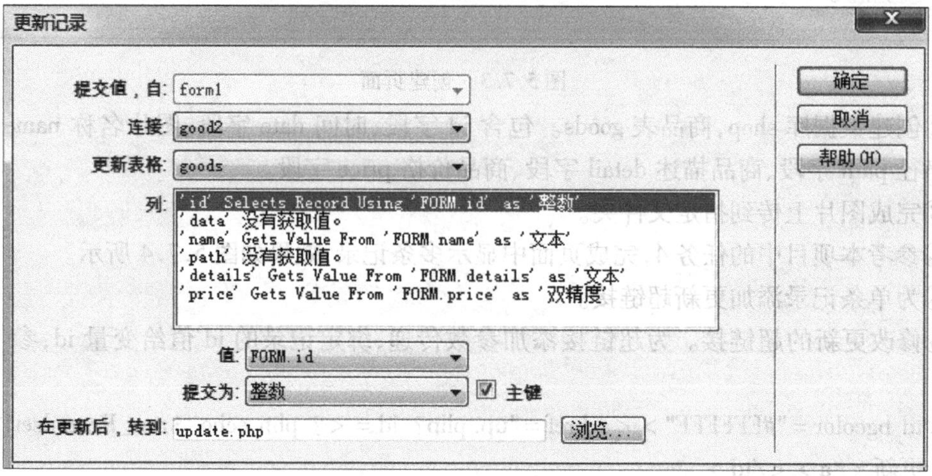
更新记录
提交值，自：form1
连接：good2
更新表格：goods
列：
'id' Selects Record Using 'FORM.id' as '整数'
'data' 没有获取值。
'name' Gets Value From 'FORM.name' as '文本'
'path' 没有获取值。
'details' Gets Value From 'FORM.details' as '文本'
'price' Gets Value From 'FORM.price' as '双精度'
值：FORM.id
提交为：整数
主键
在更新后，转到：update.php
浏览...
确定
取消
帮助(H)

图 5.7.6　“更新记录”命令

在弹出的“更新记录”对话框中进行相应设置，如图 5.7.7 所示。

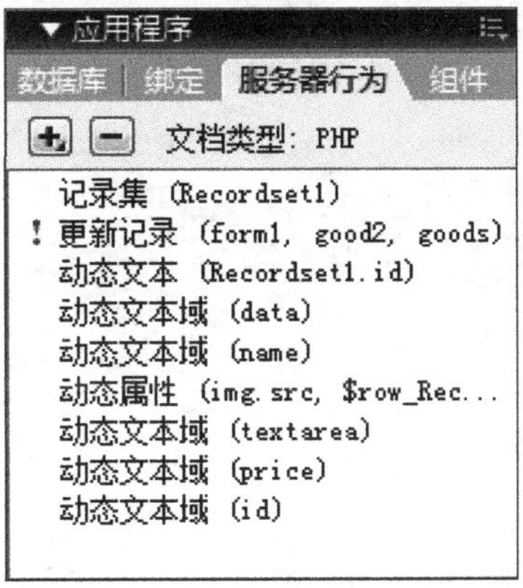

▼ 应用程序
数据库
绑定
服务器行为
组件
文档类型：PHP
记录集 (Recordset1)
! 更新记录 (form1, good2, goods)
动态文本 (Recordset1.id)
动态文本域 (data)
动态文本域 (name)
动态属性 (img.src, $row_Rec...
动态文本域 (textarea)
动态文本域 (price)
动态文本域 (id)

图 5.7.7　“更新记录”对话框

任务拓展

尝试实现多条记录批量更新。

任务评价

评价内容	评　价			
	个人评价	小组评价	教师评价	任务得分
学习任务完成情况及进度				
主动与同组其他成员积极沟通并协助其他成员共同完成学习任务				
任务完成是按老师所提供的方法还是其他方法				
能否独立完成该任务	□独立完成 □与同学合作完成 □在老师的指导下完成			

项目6　在线购物商城产品的订购功能

项目背景

在线购物网站的核心技术，就在于产品的订购、结算功能，也就是订单功能。通过这个功能，用户在选择了自己需要的产品后，可通过网站确认所需要的产品，输入联系方式，并进行结算，数据提交后写入数据库，方便网站管理员进行售后服务，这就是网站的订购功能。

学习目标

1. 掌握 PHP 中 Session 变量的使用。
2. 掌握 PHP 中 explode( )函数的使用。
3. 掌握 PHP 中 include( )函数的使用。
4. 掌握 JavaScript-window 对象的方法和属性。
5. 掌握 PHP 中 mysql_query( )函数的使用。

项目分解

任务1　统计订单
任务2　清空订单
任务3　收货人信息的录入界面
任务4　显示订单信息
任务5　生成订单
任务6　查询订单

任务1 统计订单

任务要求

- 本任务是实现统计订单数量的功能页面，首先判断用户是否已经登录，登录后判断是否该商品已经售完或已经在购物车中，最后实现订单统计累加的功能并进行页面转向。

知识点与技能

- 使用 phpMyAdmin 创建数据库表。
- 掌握 PHP 中 Session 变量的使用。

任务准备

- 小组协作，按4人一组组成学习小组，根据学习情况、性格选出小组长，由小组长带领小组协作完成。
- 讲解演示，教师讲解完成本任务需要掌握的知识技能，进一步说明完成学习的基本要求和任务的具体实施。

知识链接

1. PHP 中 Session 变量的使用

Session 是在 PHP 编程技术中占有非常重要分量的函数。由于网页是一种无状态的链接程序，因此无法得知用户的浏览状态。必须通过 Session 变量记录用户的有关信息，供用户在再次以此身份对服务器提出要求时作出确认。

(1)开始 PHP Session

在把用户信息存储到 PHP Session 中之前，首先必须启动会话。

注意：session_start()函数必须位于 <html> 标签之前：

```
<?php session_start();?>
<html>
<body>
</body>
</html>
```

(2)终结 PHP Session

如果需要删除某些 Session 数据，可使用 unset()或 Session_destroy()函数。

unset()函数用于释放指定的 Session 变量：

```
<?php
unset($_SESSION['views']);
?>
```

2. 存储和取回 Session 变量

通过 Session 变量存储有关用户会话的信息，或更改用户会话的设置。Session 变量保存的信息是单一用户的,并且可供应用程序中的所有页面使用。通过 echo( )函数输出信息,再次通过 echo( )函数弹出对话框,显示用户订购信息。

存储和取回 Session 变量的方法是使用 PHP $_SESSION 变量。

例如:

```
<? php
session_start();
//store session data
$_SESSION['views'] =1;
?>
<html>
<body>
<? php
//retrieve session data
echo"Pageviews =". $_SESSION['views'];
?>
</body>
</html>
```

结果输出:

Pageviews =1

任务实施

活动1 创建数据库表

tb_dingdan 是用来保存网站会员在网上下的订单的详细内容表,根据对客户实体的分析,将建立如下结构的会员订单表,见表6.1.1。

表6.1.1 建立会员订单表

属性名	数据类型	是否为空	含 义	是否为主键
id	int	not null	注册号	primary key
dingdanhao	char(125)	null	订单号	
name	char(50)	null	用户姓名	
shouhuoren	char(25)	null	收货人	
sex	char(2)	null	性别	
dizhi	char(125)	null	收货地址	
tel	char(25)	null	联系电话	
youbian	char(10)	null	邮编	
email	char(25)	null	Email 地址	
shff	char(25)	null	送货方式	

续表

属性名	数据类型	是否为空	含　义	是否为主键
zfff	char(25)	null	付款方式	
total	char(25)	null	金额总计	
time	char(25)	null	订货时间	
zt	char(50)	null	订单状态	
leaveword	mediumtext		留言	

数据库表的创建参照项目 4 中的任务 1,在此不再赘述。

活动 2　创建订单页面

在主页面单击“购买”按钮后,调用 addgouwuche. php 页面,主要是实现统计订单数量的功能页面。首先用 Session 变量存储用户昵称,判断用户是否已经登录,用 select 查询语句判断该商品是否已经售完,接着用 Session 变量存储产品订购信息,判断是否重复购买,最后实现订单统计累加的功能并转向生成订单页面。该页面完全是 PHP 代码。

代码分析如下:

```
<? php
session_start();
include("conn/conn. php");
if($_SESSION[username] =="") {
  echo"<script>alert('请先登录后购物!');history. back(); </script>";
  exit;
}//判断用户是否已经登录
$id = strval($_GET[id]);
$sql = mysql_query("select * from tb_shangpin where id ='". $id."'", $conn);
$info = mysql_fetch_array($sql);
if($info[shuliang] < =0) {
  echo"<script>alert('该商品已经售完!');history. back(); </script>";
  exit;
  }//判断该商品是否已经售完
  $array = explode("@", $_SESSION[producelist]);
  for($i =0; $i <count($array) -1; $i + +) {
  if($array[ $i] ==$id) {
        echo"<script>alert('该商品已经在您的购物车中!');history. back();
</script>";
  exit;
}//判断是否重复购买
}
```

```
$_SESSION[producelist] =$_SESSION[producelist]. $id."@";
$_SESSION[quatity] =$_SESSION[quatity]."1@";
header("location:gouwuche.php");
?>//实现订单统计累加的功能并转向生成订单页面
```

任务拓展

1. 完成数据库订单表的创建。
2. 独立完成订单统计全部程序的编写。

任务评价

<table>
<tr><th rowspan="2">评价内容</th><th colspan="4">评　价</th></tr>
<tr><th>个人评价</th><th>小组评价</th><th>教师评价</th><th>任务得分</th></tr>
<tr><td>学习任务完成情况及进度</td><td></td><td></td><td></td><td rowspan="5"></td></tr>
<tr><td>主动与同组其他成员积极沟通并协助其他成员共同完成学习任务</td><td></td><td></td><td></td></tr>
<tr><td>是否能实现订单的统计功能</td><td></td><td></td><td></td></tr>
<tr><td>是否掌握 Session 变量在本任务中的用法</td><td colspan="3"></td></tr>
<tr><td>能否独立编写订单统计程序</td><td colspan="3">□独立完成
□与同学合作完成
□在老师的指导下完成</td></tr>
</table>

任务 2　清空订单

任务要求

➢ 在购物车订购过程中，通过单击“删除”或“清空购物车”文字链接，能够清空购物车中的数据统计，并可返回购物车页面重新订购。

知识点与技能

➢ 掌握 PHP 中 explode()函数的使用。
➢ 巩固 Session 变量的用法。
➢ 了解 PHP 数组的用法。

任务准备

➢ 小组协作，按 4 人一组组成学习小组，根据学习情况、性格选出小组长，由小组长带领小组协作完成。

➢ 讲解演示,教师讲解完成本任务需要掌握的知识技能,进一步说明完成学习的基本要求和任务的具体实施。

知识链接

1. PHP explode()函数的用法

函数功能:把字符串分割为数组,返回由字符串组成的数组,其中的每个元素都是由separator作为边界点分割出来的子字符串。

语法:explode(separator,string,limit)

参 数	描 述
separator	必需。规定在哪里分割字符串
string	必需。要分割的字符串
limit	可选。规定所返回的数组元素的最大数目

2. PHP 数组的用法

函数组能够在单独的变量名中存储一个或多个值。数组中的元素都有自己的ID,因此,可以方便地访问它们。

数组类型:

- 数值数组:带有数字ID键的数组。
- 关联数组:数组中的每个ID键关联一个值。
- 多维数组:包含一个或多个数组的数组。

数值数组存储的每个元素都带有一个数字ID键。

可以使用不同的方法来创建数值数组:

例1:

```
$names = array("Peter","Quagmire","Joe");
```

在这个例子中,会自动分配ID键。

例2:

```
$names[0] = "Peter";
$names[1] = "Quagmire";
$names[2] = "Joe";
```

在这个例子中,人工分配ID键。可以在脚本中使用这些ID键:

```
<? php
$names[0] = "Peter";
$names[1] = "Quagmire";
$names[2] = "Joe";
echo $names[1]."and". $names[2]."are". $names[0]."'s neighbors";
?>
```

以上代码的输出结果为:

Quagmire and Joe are Peter's neighbors

任务实施

活动　实现清空订单的功能

本任务通过 Session 变量存储订单信息和产品信息，再用 explode( ) 函数把信息字符串分割为数组，然后清空数组，实现清空订单信息的功能，清空购物车里的订单后，可返回 gouwuche.php 购物车页面重新进行订购。本任务 PHP 代码如下：

```
<? php
session_start();
$id = $_GET[id];
$arraysp = explode("@", $_SESSION[producelist]);
$arraysl = explode("@", $_SESSION[quatity]);
//用 explode()函数把信息字符串分割为数组
for($i = 0; $i < count($arraysp); $i ++){
  if($arraysp[$i] == $id){
     $arraysp[$i] = "";
     $arraysl[$i] = "";
  }//清空数组
}
$_SESSION[producelist] = implode("@", $arraysp);
$_SESSION[quatity] = implode("@", $arraysl);
header("location:gouwuche.php");
?>
```

任务拓展

完成删除订单商品的功能。

任务评价

评价内容	评　价			
	个人评价	小组评价	教师评价	任务得分
学习任务完成情况及进度				
主动与同组其他成员积极沟通并协助其他成员共同完成学习任务				
是否能实现清空订单的功能				
是否掌握 Session 变量、explode( )函数在本任务中的用法				

续表

评价内容	评　价			
	个人评价	小组评价	教师评价	任务得分
能否独立编写清空订单程序	□独立完成 □与同学合作完成 □在老师的指导下完成			

任务3　收货人信息的录入界面

任务要求

➢ 用户登录后选择商品放入购物车，单击首页上的"去收银台"文字链接，则打开订单用户信息确认页面（gouwusuan. php），在该页面中需要输入收货人的详细信息，设置的界面如图6.3.1所示。

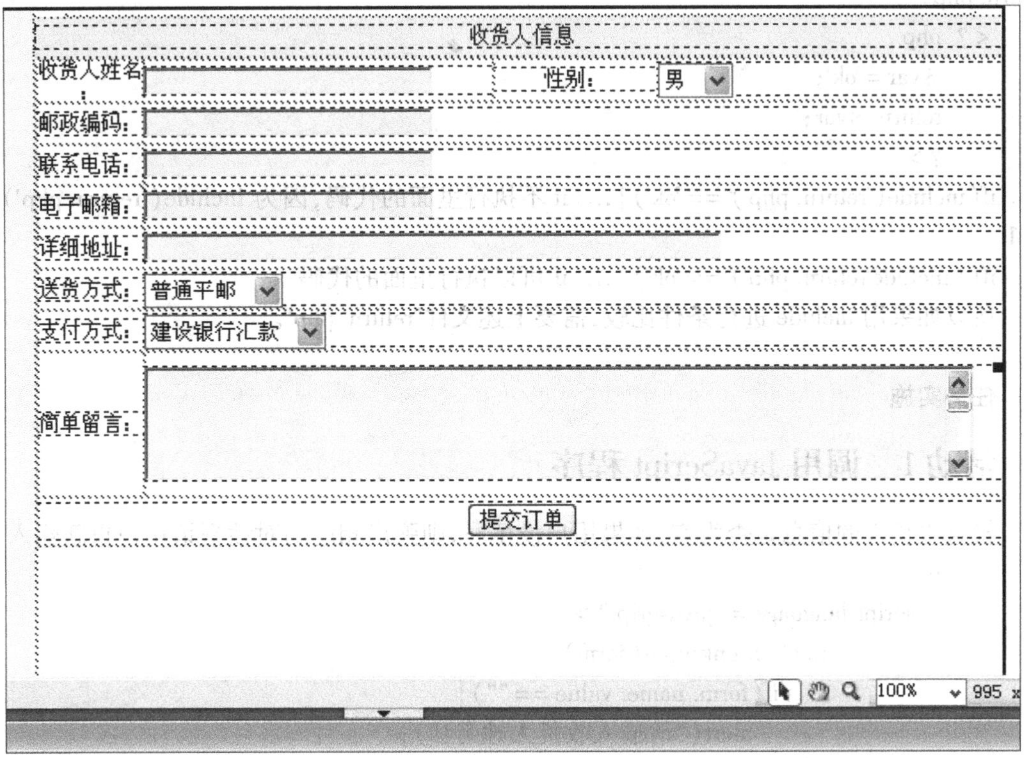

收货人信息
收货人姓名：
性别：
男
邮政编码：
联系电话：
电子邮箱：
详细地址：
送货方式：
普通平邮
支付方式：
建设银行汇款
简单留言：
提交订单
100%
995

图6.3.1　订单确认页面

知识点与技能

➢ 掌握PHP中include( )函数的使用。

➢ 了解JavaScript-window对象的方法和属性。

任务准备

➢ 小组协作，按4人一组组成学习小组，根据学习情况、性格选出小组长，由小组长带领小组协作完成。

➢ 讲解演示，教师讲解完成本任务需要掌握的知识技能，进一步说明完成学习的基本要求和任务的具体实施。

知识链接

PHP include()函数是在PHP中最常用的一种方法，include()语句是指包含并运行指定文件。

当一个文件被包含时，其中所包含的代码继承了include所在行的变量范围。如果include出现于调用文件中的一个函数里，则被调用的文件中所包含的所有代码将表现得如同它们是在该函数内部定义的一样。不过所有在包含文件中定义的函数和类都具有全局作用域。

如果取得include里面的变量值，需要在include引用的文件里加上return。例如，文件return.php

```
<? php
    $var = 'ok';
    return  $var;
    ?>
```

if(include('return.php') == 'ok'){…} if不执行里面的代码，因为include('return.php')值为1

if((include'return.php') == 'ok'){…} if可以执行里面的代码

所以如果用include进行条件比较，需要上述文件"return.php"。

任务实施

活动1 调用JavaScript程序

检查收货人的信息是否为空，如果用户没填写，则弹出相应的对话框请用户重新输入。

```
…
<script language = "javascript" >
        function chkinput(form){
            if(form.name.value == ""){
              alert("请输入收货人姓名!");
              form.name.select();
              return(false);
            }
            if(form.dz.value == ""){
              alert("请输入收货人地址!");
              form.dz.select();
```

```
        return(false);
    }
    if(form.yb.value==""){
        alert("请输入收货人邮编!");
        form.yb.select();
        return(false);
    }
    if(form.tel.value==""){
        alert("请输入收货人联系电话!");
        form.tel.select();
        return(false);
    }
    if(form.email.value==""){
        alert("请输入收货人E-mail地址!");
        form.email.select();
        return(false);
    }
    if(form.email.value.indexOf("@")<0){
        alert("收货人E-mail地址格式输入错误!");
        form.email.select();
        return(false);
    }
    return(true);
  }
</script>
```

小贴士

调用JavaScript程序进行检查收货人的信息是否为空,如果用户没填写,则弹出对话框请用户重新输入。

活动2 用表单工具创建相应信息

在Dreamweaver中用表单工具分别创建相应的文本框、下拉列表框,让用户填入收货人信息。其中包括收货人姓名、性别、邮政编码、联系电话、电子邮箱、详细地址、送货方式、支付方式、简单留言等信息。代码如下:

```
<table width="557" border="0" cellspacing="0" cellpadding="0">
<tr><td height="6"></td></tr></table>
<table width="530" border="0" align="center" cellpadding="1" cellspacing="0" bordercolor="#FFFFFF" bgcolor="#EEEEEE">
<tr><td height="25" bgcolor="#EEEEEE"><div align="center" style="color:#
```

```
720206" >收货人信息 </div > </td > </tr >
    <tr > <td height = "295" > <table width = "592" height = "293" border = "0" align = "center"
cellpadding = "0" cellspacing = "0" >
    <form name = "form1" method = "post" action = "savedd. php"onSubmit = " return chkinput
(this)" >
    <tr >  <td width = "22" height = "25" bgcolor = "#FFFFFF" > <div align = " center" >收货
人姓名: </div > </td >
    <td width = "208" bgcolor = "#FFFFFF" > <div align = "left" >
    <input type = "text" name = "name2" size = "25" class = "inputcss" style = "background-color:
#e8f4ff"
   onMouseOver = "this. style. backgroundColor = '#ffffff'"
   onMouseOut = "this. style. backgroundColor = '#e8f4ff'" > </div > </td >
    <td width = "98" bgcolor = "#FFFFFF" > <div align = "center" >性别: </div > </td >
    <td width = "207" bgcolor = "#FFFFFF" > <div align = "left" >
    <select name = "sex" >
    <option selected value = "男" >男 </option >
    <option value = "女" >女 </option > </select > </div > </td > </tr >
    <tr > <td height = "25" bgcolor = "#FFFFFF" > <div align = "center" >邮政编码: </div >
 </td >
    <td height = "25" colspan = "3" bgcolor = "#FFFFFF" > <div align = "left" >
    <input type = "text" name = "yb" size = "25" class = "inputcss" style = "background-color:#
e8f4ff"
   onMouseOver = "this. style. backgroundColor = '#ffffff'"
   onMouseOut = "this. style. backgroundColor = '#e8f4ff'" > </div > </td >  </tr >
    <tr > <td height = "25" bgcolor = "#FFFFFF" > <div align = "center" >联系电话: </div >
 </td >
    <td height = "25" colspan = "3" bgcolor = "#FFFFFF" > <div align = "left" >
    <input type = "text" name = "tel" size = "25"class = " inputcss"style = " background-color:#
e8f4ff"
   onMouseOver = "this. style. backgroundColor = '#ffffff'"
   onMouseOut = "this. style. backgroundColor = '#e8f4ff'" > </div > </td > </tr >
    <tr > <td height = "25" bgcolor = "#FFFFFF" > <div align = "center" >电子邮箱: </div >
 </td >
    <td height = "25" colspan = "3" bgcolor = "#FFFFFF" > <div align = " left" >
    <input type = "text" name = "email" size = "25" class = "inputcss" style = "background-color:#
e8f4ff"
   onMouseOver = "this. style. backgroundColor = '#ffffff'"
   onMouseOut = "this. style. backgroundColor = '#e8f4ff'" > </div > </td > </tr >
    <tr > <td height = "25" bgcolor = "#FFFFFF" > <div align = "center" >详细地址: </div >
```

```
</td>
    <td height="25" colspan="3" bgcolor="#FFFFFF"><div align="left">
    <input name="dz" type="text" class="inputcss" id="dz"
   style="background-color:#e8f4ff"
   onMouseOver="this.style.backgroundColor='#ffffff'"
   onMouseOut="this.style.backgroundColor='#e8f4ff'"size="50"></div></td></tr>
    <tr><td height="25" bgcolor="#FFFFFF"><div align="center">送货方式:</div>
</td>
    <td height="25" colspan="3" bgcolor="#FFFFFF"><div align="left">
    <select name="shff" id="shff">
    <option selected value="普通平邮">普通平邮</option>
    <option value="特快专递">特快专递</option>
    <option value="送货上门">送货上门</option>
    <option value="个人送货">个人送货</option>
    <option value="E-mail">E-mail</option></select></div></td></tr>
    <tr>td height="25" bgcolor="#FFFFFF"><div align="center">支付方式:</div>
</td>
    <td height="25" colspan="3" bgcolor="#FFFFFF"><div align="left">
    <select name="zfff" id="zfff">
    <option selected value="建设银行汇款">建设银行汇款</option>
    <option value="交通银行汇款">交通银行汇款</option>
    <option value="邮局汇款">邮局汇款</option>
    <option value="网上支付">网上支付</option></select></div></td></tr>
    <tr><td height="86" bgcolor="#FFFFFF"><div align="center">简单留言:</div>
</td>
    <td height="86" colspan="3" bgcolor="#FFFFFF"><div align="left">
    <textarea name="ly" cols="70" rows="5" class="inputcss" style="background-color:#
e8f4ff"
   onMouseOver="this.style.backgroundColor='#ffffff'"
   onMouseOut="this.style.backgroundColor='#e8f4ff'"></textarea></div>
    </td></tr>
    <tr> <td height="22" colspan="4" bgcolor="#FFFFFF"><div align="center">
    <input name="submit2" type="submit" class="buttoncss" value="提交订单"></div>
</td></tr>
    </form></table></td></tr></table></td></tr></table>
```

活动3 在新窗口显示订单信息

计算订单总金额,并使用弹出新窗口的命令 windows.open()显示订单信息。

```
      <?php
```

```
include("bottom.php");
if($_GET[dingdanhao]!="")
  {$dd=$_GET[dingdanhao];
    session_start();
    $array=explode("@",$_SESSION[producelist]);
   $sum=count($array)*20+260;
   echo"<script language='javascript'>";
   echo"window.open('showdd.php? dd='+'".$dd."','newframe','top=150,
left=200,width=600,height=".$sum.",menubar=no,toolbar=no,location=no,scrollbars=
no,status=no')";
   echo"</script>";}
?>
```

任务拓展

独立完成收货人信息录入功能。

任务评价

<table>
<tr><td rowspan="2">评价内容</td><td colspan="4">评　价</td></tr>
<tr><td>个人评价</td><td>小组评价</td><td>教师评价</td><td>任务得分</td></tr>
<tr><td>学习任务完成情况及进度</td><td></td><td></td><td></td><td rowspan="5"></td></tr>
<tr><td>主动与同组其他成员积极沟通并协助其他成员共同完成学习任务</td><td></td><td></td><td></td></tr>
<tr><td>是否能实现本任务的功能</td><td></td><td></td><td></td></tr>
<tr><td>是否掌握 Session 变量、explode()函数在本任务中的用法</td><td colspan="3"></td></tr>
<tr><td>能否独立编写程序</td><td colspan="3">□独立完成
□与同学合作完成
□在老师的指导下完成</td></tr>
</table>

任务 4　显示订单信息

任务要求

➢ 当在收货人信息录入页面(gouwusuan.php)中输入收货人信息后,单击“提交订单”按钮,则弹出新窗口显示订单信息(showdd.php),如图 6.4.1 所示。

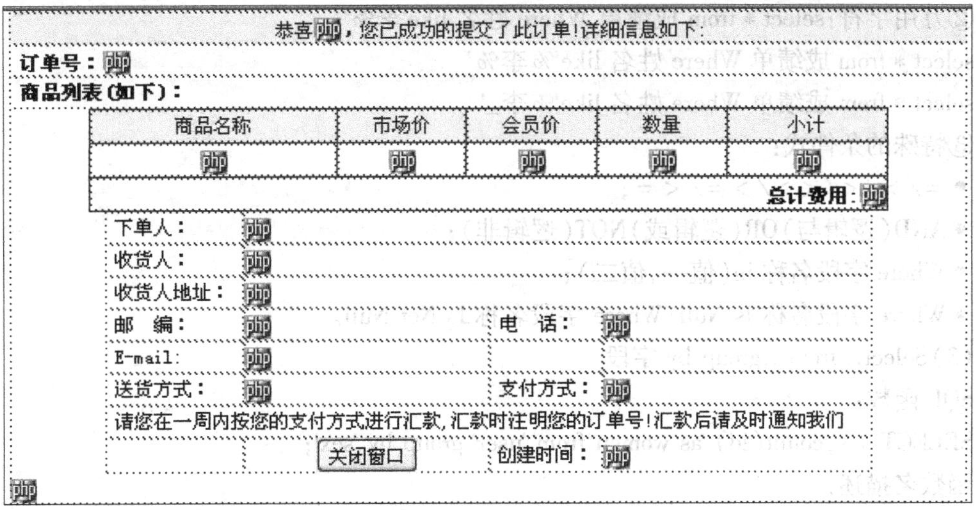
恭喜php，您已成功的提交了此订单！详细信息如下：
订单号：
商品列表(如下)：
商品名称
市场价
会员价
数量
小计
总计费用：
下单人：
收货人：
收货人地址：
邮 编：
电 话：
E-mail:
送货方式：
支付方式：
请您在一周内按您的支付方式进行汇款，汇款时注明您的订单号！汇款后请及时通知我们
关闭窗口
创建时间：

图 6.4.1 生成订单

知识点与技能

- 掌握 PHP 中查询数据的语法。
- 巩固 Session 变量的用法。
- 掌握 JavaScript-window 对象的方法和属性。

任务准备

- 小组协作，按 4 人一组组成学习小组，根据学习情况、性格选出小组长，由小组长带领小组协作完成。
- 讲解演示，教师讲解完成本任务需要掌握的知识技能，进一步说明完成学习的基本要求和任务的具体实施。

知识链接

1. mysql 查询语句 select 的语法

select 字段列表[as 别名]，* from 数据表名
　[where 条件语句]
　[group by 分组字段]
　[order by 排序字段列表 desc]
　[LIMIT startrow，rownumber]

(1)Select 字段列表 From 数据表

例如，①select id，gsmc，add，tel from haf(* 表示数据表中所有字段)。

②select 单价，数量，单价 * 数量 as 合计金额 from haf(As 设置字段的别名)。

(2)Select…from…Where 筛选条件式

筛选条件式：①字符串数据：select * from 成绩单 Where 姓名 ='李明'。

②万用字符:select * from 成绩单 Where 姓名 like'李%'

select * from 成绩单 Where 姓名 like'%李%'

select * from 成绩单 Where 姓名 like'%李_'

③特殊的条件式:

- =/>/</<>/>=/<=;
- AND(逻辑与)OR(逻辑或)NOT(逻辑非);
- Where 字段名称 in(值一,值二);
- Where 字段名称 Is Null/Where 字段名称 Is Not Null。

(3)Select…from…group by 字段

SQL 函数:

SELECT sex,count(id) as women from 'user' group by 'sex';

函数名描述:

AVG 平均值　Count 计数　MAX 最大值　MIN 最小值　Sum 求和

(4)Select…from…Order by 字段列表 desc(倒,如果直接写为顺序)

(5)Select…from…LIMIT". $start_rowno. ",". ($pagesize +1)"

2. JavaScript-window **对象的方法和属性**

window 对象是客户端 JavaScript 最高层对象,只要打开浏览器窗口,不管该窗口中是否有打开的网页,当遇到 BODY、FRAMESET 或 FRAME 元素时,都会自动建立 window 对象的实例。另外,该对象的实例也可由 window. open()方法创建。由于 window 对象是其他大部分对象的共同祖先,在调用 window 对象的方法和属性时,可以省略 window 对象的引用。例如,window. document. write()可以简写成:document. write()。在窗口中触发本窗口对象的任何方法和属性时可以省去窗口的实例名称。例如,给当前的 myWin 窗口设置 status 属性时,可以只用 status 而不用 myWin. status。但是,在事件处理中调用 location 属性、close()方法或 open()方法时必须使用实例名称。

任务实施

活动　Session 变量的用法

本任务用 mysql 的查询语句"select 目标列…From…目标数据表…where 条件表达式"实现在订单数据库表中查询相应订单号的记录。并用 Session 变量存储产品订购信息。显示订单信息页面文件 showdd. php 的代码如下:

```
<? php
session_start();
?>
<html>
<head>
<meta http-equiv=" Content-Type" content="text/html";charset="gb2312">
```

```
<title>商品订单</title>
<link rel="stylesheet" type="text/css" href="css/font.css">
<style type="text/css">
<!--
.style5{
    color:#000000;
    font-weight:bold;
}
.style6{color:#000000}
.style7{color:#990000}
-->
</style>
</head>
<?php
 include("conn/conn.php");
  $dingdanhao=$_GET[dd];
  $sql=mysql_query("select * from tb_dingdan where dingdanhao='".$dingdanhao."'",
$conn);
  $info=mysql_fetch_array($sql);
  $spc=$info[spc];
  $slc=$info[slc];
  $arraysp=explode("@",$spc);
  $arraysl=explode("@",$slc);
?>
<body topmargin="0" leftmargin="0" bottommargin="0" class="scrollbar">
<table width="600" border="0" align="center" cellpadding="0" cellspacing="0">
  <tr>
    <td height="306" bgcolor="#FFFFFF"><table width="600" border="0" align=
"center" cellpadding="0" cellspacing="0">
      <tr>
        <td height="20" bgcolor="#F0F0F0"><div align="center" class="style7">
恭喜<?php echo $_SESSION[username];?>,您已成功提交了此订单! 详细信息如下:
</div></td>
      </tr>
      <tr>
        <td height="20" bgcolor="#FFFFFF"><div align="left"><span class=
"style5"> 订单号:</span><?php echo $dingdanhao;?></div></td>
      </tr>
```

```
        <tr>
          <td height="20" bgcolor="#FFFFFF"><div align="left" class="style5">
 商品列表(如下):</div></td>
        </tr>
      </table>
        <table width="500" height="60" border="0" align="center" cellpadding="0"
cellspacing="0">
          <tr>
            <td bgcolor="#666666"><table width="500" border="0" align="center"
cellpadding="0" cellspacing="1">
                <tr bgcolor="#F0F0F0">
                  <td width="153" height="20"><div align="center" class="style7">
商品名称</div></td>
    <td width="80"><div align="center"class=" style7">市场价</div></td>
    <td width="80"><div align="center"class=" style7">会员价</div></td>
    <td width="80"><div align="center" class="style7">数量</div></td>
    <td width="101"><div align="center" class="style7">小计</div></td>
                </tr>
                <?php
      $total=0;
     for($i=0;$i<count($arraysp)-1;$i++){
   if($arraysp[$i]!=""){
        $sql1=mysql_query("select * from tb_shangpin where id='".$arraysp[$i]."'",$
conn);
        $info1=mysql_fetch_array($sql1);
    $total=$total+=$arraysl[$i]*$info1[huiyuanjia];
     ?>
                <tr bgcolor="#FFFFFF">
  <td height="20"><div align="center"><?php echo $info1[mingcheng];?></div>
</td>
  <td height="20"><div align="center"><?php echo $info1[shichangjia];?></div>
</td>
  <td height="20"><div align="center"><?php echo $info1[huiyuanjia];?></div>
</td>
  <td height="20"><div align="center"><?php echo $arraysl[$i];?></div>
</td>
  <td height="20"><div align="center"><?php echo $arraysl[$i]*$info1
[huiyuanjia];?></div></td></tr>
```

```
php}}?>
<tr bgcolor="#FFFFFF">
<td height="20" colspan="5">
<div align="right"><span class="style5">总计费用:</span><? php echo $total;?></div></td>
</tr>
</table></td>
</tr>
</table>
<table width="480" border="0" align="center" cellpadding="0" cellspacing="0">
<tr bgcolor="#FFFFFF">
<td width="81" height="20" align="center"><div align="left" class="style6"> 下单人:</div></td>
<td colspan="3"><div align="left"><? php echo $_SESSION[username];?></div></td></tr>
<tr bgcolor="#FFFFFF">
<td height="20" align="center"><div align="left" class="style6"> 收货人:</div></td>
<td height="20" colspan="3"><div align="left"><? php echo $info[shouhuoren];?></div></td>
</tr>
<tr bgcolor="#FFFFFF">
<td height="20" align="center"><div align="left" class="style6"> 收货人地址:</div></td>
<td height="20" colspan="3"><div align="left"><? php echo $info[dizhi];?></div></td>
</tr>
<tr bgcolor="#FFFFFF">
<td height="20" align="center"><div align="left" class="style6"> 邮  编:</div></td>
<td width="145" height="20"><div align="left"><? php echo $info[youbian];?></div></td>
<td width="66"><div align="left" class="style6"> 电  话:</div></td>
<td width="158"><div align="left"><? php echo $info[tel];?></div></td>
</tr>
<tr bgcolor="#FFFFFF">
```

```
<td height="20" align="center"><div align="left" class="style6">
 E-mail:</div></td>
<td height="20"><div align="left"><? php echo $info[email];?>
</div></td>
<td height="20"> </td>
<td height="20"> </td></tr>
<tr bgcolor="#FFFFFF">
<td height="20" align="center"><div align="left" class="style6">
 送货方式:</div></td>
<td height="20"><div align="left"><? php echo $info[shff];?>
</div></td>
<td height="20"><div align="left" class="style6"> 支付方式:
</div></td>
<td height="20"><div align="left"><? php echo $info[zfff];?>
</div></td>
</tr>
<tr bgcolor="#FFFFFF">
<td height="20" colspan="4"><div align="left" class="style6"> 
请您在一周内按您的支付方式进行汇款,汇款时注明订单号!汇款后请及时通知我们
</div></td>
</tr>
<tr bgcolor="#FFFFFF">
<td height="20"> </td>
<td height="20"><div align="center">
<input name="button" type="button" class="buttoncss" onClick="win-
dow.close()" value="关闭窗口">
</div></td>
<td height="20"><div align="center" class="style6">创建时间:</div>
</td>
<td height="20"><div align="left"><? php echo $info[time];?>
</div></td>
</tr>
</table>
<? php
$_SESSION[producelist]="";
$_SESSION[quatity]="";
?></td>
</tr>
```

```
</table>
</body>
</html>
```

任务拓展

独立完成显示订单信息页面。

任务评价

评价内容	评　价			
	个人评价	小组评价	教师评价	任务得分
学习任务完成情况及进度				
主动与同组其他成员积极沟通并协助其他成员共同完成学习任务				
是否能实现本任务的功能				
是否掌握 select 语句、Session 变量、explode( )函数在本任务中的用法				
能否独立编写程序	□独立完成 □与同学合作完成 □在老师的指导下完成			

任务 5　生成订单

任务要求

➤ 在单击“提交订单”按钮的同时，除了显示订单信息外，还调用了 savedd. php 页面，把订单的内容写入数据库。

知识点与技能

➤ 掌握 PHP 中 mysql_query( )函数的使用方法。

➤ 巩固 PHP 中将信息写入数据库 INSERT INTO 语句的用法。

➤ 掌握 Session 变量的作用。

任务准备

➤ 小组协作，按 4 人一组组成学习小组，根据学习情况、性格选出小组长，由小组长带领小组协作完成。

➢ 讲解演示，教师讲解完成本任务需要掌握的知识技能，进一步说明完成学习的基本要求和任务的具体实施。

知识链接

PHP mysql_query( )函数的使用。

函数功能：执行一条 MySQL 查询。

函数语法：mysql_query(query,connection)。

参　数	描　述
query	必需。规定要发送的 SQL 查询。注释：查询字符串不应以分号结束
connection	可选。规定 SQL 连接标识符。如果未规定，则使用上一个打开的连接

说明：如果没有打开的连接，本函数会尝试无参数调用 mysql_connect( )函数来建立一个连接并使用之。

返回值：mysql_query( )仅对 SELECT，SHOW，EXPLAIN 或 DESCRIBE 语句返回一个资源标识符，如果查询执行不正确则返回 FALSE。

对于其他类型的 SQL 语句，mysql_query( )在执行成功时返回 TRUE，出错时返回 FALSE。非 FALSE 的返回值意味着查询是合法的并能够被服务器执行。这并不说明任何有关影响的或返回的行数。很有可能一条查询执行成功了但并未影响或并未返回任何行。

任务实施

活动　在数据表中插入新的数据

本任务通过 INSERT INTO 语句向数据表(订单表)中插入新的数据，并用 Session 变量存储产品订购信息。

```
<? php
session_start();
include("conn/conn.php");
$sql = mysql_query("select * from tb_user where name = '". $_SESSION[username]."'", $conn);
$info = mysql_fetch_array($sql);
$dingdanhao = date("YmjHis"). $info[id];
$spc = $_SESSION[producelist];
$slc = $_SESSION[quatity];
$shouhuoren = $_POST[name2];
$sex = $_POST[sex];
$dizhi = $_POST[dz];
$youbian = $_POST[yb];
```

```
    $tel =$_POST[tel];
    $email =$_POST[email];
    $shff =$_POST[shff];
    $zfff =$_POST[zfff];
    if(trim($_POST[ly]) =="") {
       $leaveword ="";
    }
    else{
       $leaveword =$_POST[ly];
    }
    $xiadanren =$_SESSION[username];
    $time = date("Y-m-j H:i:s");
    $zt ="未作任何处理";
    $total =$_SESSION[total];
    mysql_query("insert into tb_dingdan(dingdanhao,spc,slc,shouhuoren,sex,dizhi,
youbian,tel,email,shff,zfff,leaveword,time,xiadanren,zt,total) values('$dingdanhao','$spc','$
slc','$shouhuoren','$sex','$dizhi','$youbian','$tel','$email','$shff','$zfff','$leaveword','$time
','$xiadanren','$zt','$total')", $conn);
    header("location:gouwusuan.php? dingdanhao =$dingdanhao");
?>
```

任务拓展

独立完成生成订单功能。

任务评价

评价内容	评价			
	个人评价	小组评价	教师评价	任务得分
学习任务完成情况及进度				
主动与同组其他成员积极沟通并协助其他成员共同完成学习任务				
是否能完成生成订单功能				
是否掌握插入语句 INSERT INTO、Session 变量的用法				
能否独立进行本任务程序的编写	□独立完成 □与同学合作完成 □在老师的指导下完成			

任务6　查询订单

任务要求

➢ 用户在购物时，还需知道自己在近期一共购买了多少商品。单击导航条上的“订单查询”命令，打开查询输入页面 finddd. php，在查询文本域中输入客户的订单编号或下订单人姓名，都可查到订单的处理情况，方便与网站管理员的沟通。完成的效果如图6.6.1所示。

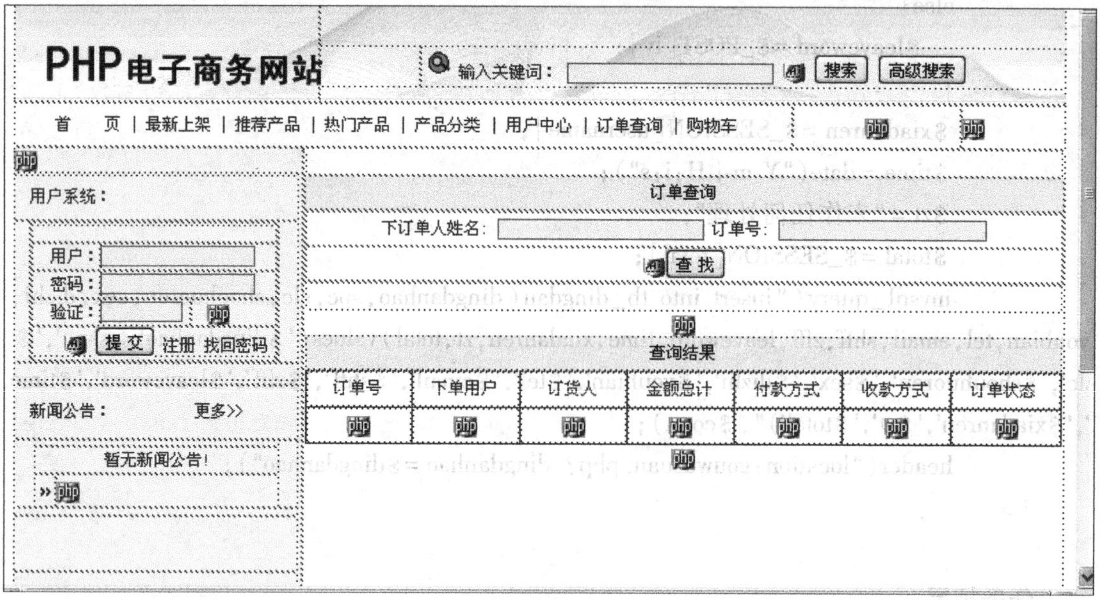
PHP电子商务网站
输入关键词：
搜索
高级搜索
首　页 | 最新上架 | 推荐产品 | 热门产品 | 产品分类 | 用户中心 | 订单查询 | 购物车
用户系统：
用户：
密码：
验证：
提 交
注册 找回密码
新闻公告：
更多>>
暂无新闻公告！
订单查询
下订单人姓名：
订单号：
查 找
查询结果
订单号
下单用户
订货人
金额总计
付款方式
收款方式
订单状态

图6.6.1　订单查询页面效果

知识点与技能

➢ 设置查询输入文本域。

➢ Select 语句在订单表中查询。

➢ 用 JavaScript 设置 text 中文本或文本框的颜色。

知识链接

用 JavaScript 设置 text 中文本的颜色或 text 文本框的背景色，并当鼠标滑过或离开时，文本框会显示不同的背景色。

```
<input name = "username" type = "text" class = "inputcss" id = "username"
style = "background-color:#e8f4ff"
onMouseOver = "this. style. backgroundColor = '#ffffff'"
onMouseOut = "this. style. backgroundColor = '#e8f4ff'" size = "25" >
```

任务准备

- 小组协作，按 4 人一组组成学习小组，根据学习情况、性格选出小组长，由小组长带领小组协作完成。
- 讲解演示，教师讲解完成本任务需要掌握的知识技能，进一步说明完成学习的基本要求和任务的具体实施。

任务实施

活动 1　用 PHP 设置查询输入文本域

设置查询输入文本域，要求用户输入下订单人或订单号，下订单人或订单号若为空，则弹出对话框要求用户重新输入。

```
<? php
include("top. php");
?>
<table width = "766" height = "438" border = "0" align = "center" cellpadding = "0" cellspacing = "0" >
  <tr >
    <td width = "229" valign = "top" bgcolor = "#F4F4F4" > <? php include("left_menu.php");? >
    <td width = "561" align = "center" valign = "top" bgcolor = "#FFFFFF" > <table width = "550" height = "20" border = "0" align = "center" cellpadding = "0" cellspacing = "0" >
      <tr >
        <td >   </td >
      </tr >
    </table >
      <table width = "530" border = "0" align = "center" cellpadding = "0" cellspacing = "0" >
        <tr >
          <td height = "25" bgcolor = "#EEEEEE" > <div align = "center" style = "color:#000" >订单查询 </div > </td >
        </tr >
        <tr >
          <td height = "50" > <table width = "550" height = "50" border = "0" align = "center" cellpadding = "0" cellspacing = "1" >
              <tr >
                <td bgcolor = "#FFFFFF" >
                  <table width = "550" height = "50" border = "0" align = "center" cellpadding = "0" cellspacing = "0" >
                    <script language = "javascript" >
```

```
function chkinput3(form)
{
  if((form.username.value=="")&&(form.ddh.value==""))
   {
     alert("请输入下订单人或订单号");
  form.username.select();
  return(false);
    }
  return(true);
}//下订单人或订单号若为空,则弹出对话框要求用户重新输入
  </script>
```

活动2 用Select语句设置"查找"按钮

单击"查找"按钮,通过Select语句在订单表中查询是否有符合下订单人或订单号的记录,若没有,则显示"没有查找到该订单!"。

```
<form name="form3" method="post" action="finddd.php" onSubmit="return chkinput3
(this)">
        <tr><td height="25"><div align="center">下订单人姓名:
  <input name="username" type="text" class="inputcss" id="username"
  style="background-color:#e8f4ff"
  onMouseOver="this.style.backgroundColor='#ffffff'"
  onMouseOut="this.style.backgroundColor='#e8f4ff'"size="25">
                    订单号:
  <input type="text" name="ddh" size="25" class="inputcss" style="background-color:#
e8f4ff"
  onMouseOver="this.style.backgroundColor='#ffffff'"
  onMouseOut="this.style.backgroundColor='#e8f4ff'">
                      </div></td>
                     </tr>
                     <tr>
                      <td height="25">
                        <div align="center">
          <input type="hidden" value="show_find" name="show_find">
    <input name="submit2" type="submit" class="buttoncss" value="查找">
                      </div></td>
                     </tr>
                    </form>
                 </table></td>
               </tr>
```

```
            </table > </td >
          </tr >
        </table >
        < table width = "550" height = "20" border = "0" align = "center" cellpadding = "0"
cellspacing = "0" >
          < tr >
            < td >  </td >
          </tr >
        </table >
        < ? php
        if($_POST[show_find] ! = "")
    {
          $username = trim($_POST[username]);
        $ddh = trim($_POST[ddh]);
       if($username == "")
        {
          $sql = mysql_query("select * from tb_dingdan where dingdanhao = '". $ddh. "'",
$conn);
        }
       elseif($ddh == "")
        {
          $sql = mysql_query("select * from tb_dingdan where xiadanren = '". $username. "
'", $conn);
        }
       else
        {
          $sql = mysql_query("select * from tb_dingdan where xiadanren = '". $username. "'
and dingdanhao = '". $ddh. "'", $conn);
        }
        $info = mysql_fetch_array($sql);
       if($info == false)
        {
          echo"< div algin = 'center' >对不起,没有查找到该订单! </div >";
        }
       else
        {
       ? >
```

活动3　显示查询结果

若在订单表中找到符合条件的记录,则显示查询的结果。

```
<table width="525" border="0" align="center" cellpadding="0" cellspacing="0">
        <tr>
          <td height="25" bgcolor="#F0F0F0"><div align="center" style="color:#6E0202">查询结果</div></td>
        </tr>
        <tr>
        <td height="50" bgcolor="#555555"><table width="550" height="50" border="0" align="center" cellpadding="0" cellspacing="1">
          <tr>
                <td width="77" height="25" bgcolor="#FFFFFF"><div align="center">订单号</div></td>
          <td width="77" bgcolor="#FFFFFF"><div align="center">下单用户</div></td>
          <td width="77" bgcolor="#FFFFFF"><div align="center">订货人</div></td>
          <td width="77" bgcolor="#FFFFFF"><div align="center">金额总计</div></td>
          <td width="77" bgcolor="#FFFFFF"><div align="center">付款方式</div></td>
          <td width="77" bgcolor="#FFFFFF"><div align="center">收款方式</div></td>
          <td width="77" bgcolor="#FFFFFF"><div align="center">订单状态</div></td>
          </tr>
          <? php
           do
     {
   ?>
          <tr><td height="25" bgcolor="#FFFFFF"><div align="center"><? php echo $info[dingdanhao];?></div></td>
          <td height="25" bgcolor="#FFFFFF"><div align="center"><? php echo $info[xiadanren];?></div></td>
          <td height="25" bgcolor="#FFFFFF"><div align="center"><? php echo $info[shouhuoren];?></div></td>
          <td height="25" bgcolor="#FFFFFF"><div align="center"><? php echo $info[total];?></div></td>
```

```
                <td height="25" bgcolor="#FFFFFF"><div align="center"><? php echo
$info[zfff];?></div></td>
                <td height="25" bgcolor="#FFFFFF"><div align="center"><? php echo
$info[shff];?></div></td>
                <td height="25" bgcolor="#FFFFFF"><div align="center"><? php echo
$info[zt];?></div></td>
                </tr>
                <? php
          }while($info=mysql_fetch_array($sql));
      ?>
                </table></td>
              </tr>
            </table>
          <? php
          }
          }
      ?></td>
      </tr>
    </table>
    <? php
    include("bottom.php");
    ?>
```

任务拓展

独立完成订单查询功能。

任务评价

评价内容	评　价			
	个人评价	小组评价	教师评价	任务得分
学习任务完成情况及进度				
主动与同组其他成员积极沟通并协助其他成员共同完成学习任务				
是否能完成订单查询功能				
是否掌握 Select 语句的用法				
能否独立进行本任务程序的编写	□独立完成 □与同学合作完成 □在老师的指导下完成			